Conexión
con el alma

Uniendo cielo y tierra

Si este libro le ha interesado y desea que lo mantengamos
informado de nuestras publicaciones, puede escribirnos a
comunicacion@editorialsirio.com,
o bien suscribirse a nuestro boletín de novedades en:
www.editorialsirio.com

Diseño de portada: Editorial Sirio, S.A.

© de la edición original
2015 Suzanne Powell

© de la presente edición
EDITORIAL SIRIO, S.A.

EDITORIAL SIRIO, S.A.	NIRVANA LIBROS S.A. DE C.V.	DISTRIBUCIONES DEL FUTURO
C/ Rosa de los Vientos, 64	Camino a Minas, 501	Paseo Colón 221, piso 6
Pol. Ind. El Viso	Bodega nº 8,	C1063ACC
29006-Málaga	Col. Lomas de Becerra	Buenos Aires
España	Del.: Alvaro Obregón	(Argentina)
	México D.F., 01280	

www.editorialsirio.com
sirio@editorialsirio.com

I.S.B.N.: 978-84-16233-94-6
Depósito Legal: MA-1445-2015

Impreso en Imagraf Impresores, S. A.
c/ Nabucco, 14 D - Pol. Alameda
29006 - Málaga

Impreso en España

Puedes seguirnos en Facebook, Twitter, YouTube e Instagram.

C·1

SUZANNE POWELL

Conexión
con el alma

Uniendo cielo y tierra

editorial irio

Para Joanna

Dedico este libro a mi preciosa, pequeña gran maestra.
Gracias por la conexión compartida durante todos estos
años desde tu llegada a mi vientre el Viernes Santo día
13 de abril de 2001 a las 13 h 13 min 13 seg.
Desde ese momento mágico mi vida se transformó. Estamos
unidas desde el alma. Gracias por elegirme como madre y
por mostrarme cada día lo que es el amor incondicional.
I love you!!

PRÓLOGO

Distintas creencias teológicas, mitos y leyendas alimentan las formas de pensar e imaginar de la humanidad, lo que en conjunto expresa una sinfonía planetaria que constituye una réplica vibratoria de la de nuestro sistema solar. Estoy convencido de que podemos incrementar nuestra aportación de forma sencilla y trascendente, por medio de poner nuestra atención en lograr conectarnos con la esencia de nuestro origen.

Este es el tema que me impulsa a realizar el presente comentario referente al trabajo de Suzanne Powell en esta obra. En ella nos sugiere que desarrollemos las cualidades mentales innatas que nos permiten observar y equilibrar las percepciones físicas, emociones y valores que conforman nuestra personalidad, con la finalidad de que podamos abrir la puerta que nos conduce al encuentro con el alma.

La autora expresa de forma sencilla el trabajo que se ha de realizar para iniciar conscientemente la «conexión con el alma», lo que nos unirá a una dimensión superior en la cual el alma se retroalimenta por medio de sus vehículos físico denso y físico sutil.

El hecho de que el alma sea la unidad de consciencia inmortal fundamenta la importancia del trabajo realizado por Suzanne, quien a través de su entrega incondicional y de su incuestionable altruismo, experiencias, cursos, libros y conocimientos ha logrado cautivar a miles de personas, provocando en ellas el interés y la disposición a sumarse a una forma diferente de ver la vida. Su carisma y humildad son cualidades que le permiten hacer que las mentes de quienes la escuchan y leen se vean impulsadas a cambiar sus creencias, o reafirmarlas si es el caso. Ella logra esto sin adoptar una postura fanática o dogmática.

No se puede dejar de mencionar el gran interés que ha despertado Suzanne en el mundo de la medicina, gracias a los resultados curativos logrados en enfermos con padecimientos diversos, al utilizar conscientemente las energías que sustentan el espacio-tiempo, principalmente las que conforman los cuerpos vitales y aquellas que derivan de la unidad de la consciencia (utilizo el término *consciencia*, diferente de *conciencia*. Doy al primero el significado de saberse consciente de utilizar la conciencia). Dichas energías apenas empiezan a ser comprendidas por la ciencia, pero estoy convencido de que, en un futuro próximo, el conocimiento que tengamos de ellas será una herramienta indispensable para la curación de la mayoría de las enfermedades.

Podemos encontrar un sinfín de escritos que hacen referencia al desarrollo espiritual del ser. Esto se debe al deseo de millones de personas que van despertando y sienten la necesidad de hacer de nuestro entorno un ambiente más humano, incluyente y equitativo. Se buscan respuestas respecto al origen del ser humano y también respecto a la probable trascendencia a otros planos de existencia una vez que terminamos nuestro ciclo de experiencias en la Tierra.

Podemos considerarnos afortunados por haber encarnado en esta etapa de la evolución planetaria. Hemos vivido los grandes cambios sociales que han tenido lugar desde la posguerra, a partir de 1945, así como los avances tecnológicos que, junto con el crecimiento demográfico acelerado, han revolucionado la forma que tenemos de vivir y están transformando los paradigmas antiguos, principalmente aquellos que limitan el desarrollo interior en un contexto de creatividad e independencia para el ser humano.

Es tiempo de despertar del sueño que nos mantiene atrapados en la ignorancia, la enfermedad y la pobreza espiritual y material. Tenemos la capacidad, las cualidades y las condiciones para continuar evolucionando conscientemente hacia planos superiores. Podemos estar seguros de la trascendencia de nuestra existencia y de nuestra conexión con múltiples dimensiones que conforman nuestro plan de manifestación cósmica, aunque por lo general no seamos conscientes de dicha conexión.

Conexión con el alma es un recorrido álmico que va paralelo al recorrido vital de la autora. En él vemos los constantes buenos frutos obtenidos por la constancia de Suzanne Powell en el servicio incondicional, que la han llevado a crecer como ser de luz. Como seres de luz, acompañémosla a lo largo de esta obra, y recorramos cada uno el camino que nos lleve a encontrarnos con nosotros mismos, con la idea de alinear nuestros cuerpos y producir la energía trina e inmortal llamada Amor.

Carlos Rodríguez
Guadalajara (México)
julio de 2015

INTRODUCCIÓN

Es curioso cómo cada libro tiene su propia historia. No sabía cómo ni cuándo iba a escribir *Conexión con el alma*. Estaba esperando el momento, pero nunca llegaba, aunque pensaba que estaba preparada. Hasta que finalmente surgió la manera perfecta para mí.

Un día decidí sentarme en el balcón de casa en soledad. Tomé mi móvil, pulsé la tecla de grabación de voz y de repente empecé a hablar desde mi propia alma. Me situé muy al principio de mi vida, en mis primeras vivencias, y fui avanzando, tirando del hilo de los recuerdos. Ha sido un viaje desde la inconsciencia hasta el redescubrimiento de quién soy yo, a través de las experiencias. Han sido momentos de tristeza, momentos de alegría, también de frustración, y de compartir con la familia, con amigos, con profesores. Me he dado cuenta de que todo, absolutamente todo, estaba conectado y era perfecto, incluso dentro del supuesto caos.

Esos momentos de grabaciones eran de cinco, diez, como mucho veinte minutos, en sesiones diversas, siempre desde la soledad. De alguna manera mi alma me estaba pidiendo que desconectase de la rutina diaria para sentir, para prestar atención, para ir adentro, para escucharme a mí misma, desde el fondo de mi corazón. A la vez, ha sido una oportunidad para practicar la autoobservación y la autorreflexión: ¿quién era yo en presencia de los demás? ¿Cómo me sentía? ¿Qué estaba proyectando realmente? Necesitaba recordarlo; necesitaba conectar los distintos puntos de mi trayectoria para llegar al punto del presente.

Era el mes de julio y hacía un calor tremendo en Madrid. Pero gran parte de este libro ha sido grabado también en Barcelona, el lugar donde más años he vivido (unos veintisiete en total; más que en mi propia tierra). Por eso decidí pasar una semana en Barcelona; para continuar con el libro sintiendo la esencia de esa ciudad, empapándome de sus olores y colores, incluso recorriendo las calles donde había pasado tanto tiempo contemplando y divirtiéndome. Siempre me ha encantado Barcelona. Los últimos días los pasé en el último barrio donde viví, en Horta, apenas a dos calles de distancia de donde estaba mi casa. También di un paseo por otro barrio donde pasé cinco o seis años antes de que mi hija, Joanna, llegara a este mundo, un lugar muy humilde donde también aprendí muchísimo.

Entendí que era necesario para mí volver a sentir. Cuando uno conecta con el alma, los cinco sentidos aportan esos recuerdos. Cuando necesitamos volver al pasado, a veces ese helado de vainilla, o ese olor característico de los árboles de un barrio, nos hace transportarnos en el tiempo.

Fue muy agradable recordar esos momentos, pero no siento nostalgia. Sencillamente, los he disfrutado en el presente y los he soltado. La importancia de recorrer esos años de recuerdos, de traerlos al presente, es dar las gracias por todo lo vivido: por haber reído, por haber llorado, por haber compartido desde el alma con tantas otras almas que se han cruzado en mi camino. Cuando uno hace esta evocación y después suelta, se siente libre para disfrutar intensamente lo que le corresponde en el momento presente, en el aquí y ahora.

Como he indicado antes, el balcón de mi casa ha sido el lugar donde he evocado todos esos recuerdos, con el fin de compartirlos. He querido andar en el tiempo desde mi total y absoluta inconsciencia hasta el momento actual. Ha sido un proceso personal de despertar continuo. He observado las señales que se han presentado con las experiencias y he tomado cada vez más conciencia de mi entorno, de cómo me sentía y cómo me siento en el presente con lo ya vivido.

Todo esto no quiere decir que este libro consista en una recopilación de anécdotas. Por supuesto las hay, y muchas, pero he querido hacer ante todo un libro de destilación, de síntesis de lo principal que he aprendido. Como indicaba en *Atrévete a ser tu maestro*, lo importante no son las circunstancias, sino lo que somos en ellas. Por ello, cada experiencia reflejada en este libro lleva aparejada una lección de vida. Las lecciones son intemporales, y con frecuencia son las mismas para muchos de nosotros. Por este motivo, lo que para mí pudo ser un detonante para la conexión con el alma en un momento dado puede inspirarte a ti a hacer tu propia conexión, en el seno de tu experiencia y tu momento. La vida es una sucesión de instantes muy valiosos, y podemos aprovechar todo lo que nos ocurre para dar un paso más en nuestro sendero evolutivo. Basta con que estemos despiertos para percibir lo significativo del momento.

El libro está organizado en cuatro partes. En general, la primera parte se basa más en la secuencia temporal de los hechos, mientras que la segunda ahonda más en experiencias de conexión en relación con personas concretas, o con ciertos tipos de personas. La tercera parte está centrada en la técnica zen y sus resultados, y la cuarta constituye una síntesis destinada a ayudarte mejor a tener tus propias conexiones. Esta división fue hecha a posteriori, de modo que no hay que tomarla en sentido demasiado estricto. La sustancia del libro la constituyen unos recuerdos que fluyeron libres, y he procurado conservar este frescor.

Espero y deseo que mis reflexiones y recuerdos, y todo lo que he caminado para ser quien soy en el día de hoy, puedan también inspirarte a ti, querido lector, para que hagas algo parecido si lo sientes en el alma. Si algo de lo que transmito en estas páginas te resuena, seré feliz con tu felicidad. No sientas que tu historia es demasiado poco interesante para que otras personas puedan inspirarse con ella: siempre tenemos algo que aportar. Por muy insignificante que nos parezca nuestra propia historia, hay otra alma ahí fuera que está esperando escucharla. Ábrete; ponte delante de ese libro de páginas en blanco que está esperando captar tus palabras. Puede ser un vehículo a través del cual recorras el mundo para despertar a otras almas.

Tú, querido lector, también puedes marcar la diferencia en la vida de muchas personas. ¡Atrévete, adelante! Yo ya me lancé.

Primera parte

EXPERIENCIAS EN
LA MULTIDIMENSIONALIDAD

1

NOSTALGIA DEL PARAÍSO

De niña tuve siempre la sensación de no pertenecer a este mundo; me parecía que no encajaba en ningún sitio. Mis hermanos y mis padres, así como mi familia en general, me resultaban unos perfectos extraños; era como si no los conociese. En estas circunstancias, deseaba ser amada y reconocida por otro ser humano en este planeta; para ello, intentaba agradar a mis padres y ser una más en el colegio de monjas en el que estudiaba.

Pero una parte de mí no se conformaba. Tengo el recuerdo de estar mirando a las estrellas pidiendo volver a mi hogar en el cosmos; en esos momentos pensaba: «¿Por qué no venís a buscarme? ¡Ya estoy cansada de estar aquí! Quiero volver a casa».

Durante mi niñez y juventud podía oír lo que había en la cabeza de las personas. Era como si la gente pensase en voz alta, como si las palabras saliesen de su campo magnético. Así pues, captaba sus pensamientos, de modo que podía saber cuáles eran sus intenciones. Nadie me podía mentir; era como si se me «chivase» la verdad. De esta manera me sentía siempre arropada, protegida, aunque tampoco sabía de qué, porque para mí todo el mundo era bueno. No concebía el mal.

A pesar de ello, finalmente tuve que asumir que las personas albergaban a menudo segundas intenciones. Podía sentir esa vibración. Podía captar la manipulación, las mentiras, pero me callaba; me limitaba a escucharlo. Me parecía tan bajo, tan triste, tan banal... ¿Cómo podía un ser humano querer hacerle daño a otro? ¿Cómo podía sonreírle a la cara y tener una mala intención? ¡No lo soportaba! Sin embargo, era el pan de cada día. Yo no quería escuchar todo aquello, y recuerdo que me tapaba los oídos. No soportaba ver la injusticia, y donde veía sufrimiento deseaba eliminarlo. El solo hecho de estar presente en esas situaciones y conflictos silenciosos hacía que quisiera volver a casa, a mi hogar de ese otro mundo.

En el hogar cósmico que anhelaba, con el que sabía que estaba conectada, todo era bondad y justicia; el amor y la felicidad imperaban. Ese lugar seguía existiendo en mi corazón y en mi cabeza porque mantenía la conexión con esa conciencia, con esa frecuencia de amor, con el alma.

Aquí en la Tierra, las cosas eran muy distintas de como eran en ese otro lugar. Al vivir en un pueblo norirlandés durante la etapa de la guerra fría con Inglaterra, vivía rodeada de violencia y miedo. La presencia del ejército, de la policía, de tanques, bombas, sirenas, barreras y controles marcaba la vida cotidiana. Todo esto contrastaba con los campos verdes, las vacas, las ovejas, los niños jugando en la calle bajo la constante lluvia, con un sol intermitente... El olor a tierra húmeda coexistía con el *smog*.

Entre los recuerdos más vívidos de mi niñez y juventud en el pueblo primaba esa sensación de estar aquí y al mismo tiempo no estar aquí, de encontrarme más en otro mundo que en este. Es decir, primaba mi deseo de vivir la realidad de ese otro mundo, en vez de lo que me estaba tocando vivir aquí en la Tierra.

A pesar de las constantes imágenes de miedo y violencia que presenciaba, en mi imaginación existía un paraíso con un sol brillante y cálido, una vegetación frondosa, frutas exóticas, prados extensos y colinas suaves; un lugar donde todo era de todos, y donde el baile y el canto se compartían de forma natural y espontánea. Allí habitaba la familia que tanto anhelaba; una familia enorme, que deseaba recordar con detalle, pero que solo lograba imaginar unos instantes fugaces.

Recuerdo la sensación de libertad, gozo, armonía y paz que imperaba en ese paraíso de olores y colores maravillosos. En ese lugar, una tierna sonrisa se dibujaba permanentemente en los rostros de todos. En él existía una comunicación perfecta entre todo, sin necesidad de palabras.

Allí era siempre de día —no recuerdo que fuera nunca de noche— y era adonde iba en mis sueños. Allí jugaba sin cansarme con otros niños que eran como yo. Todas las personas me comprendían y era plenamente feliz; estaba llena de vida, llena de amor, llena de mí. Allí era yo misma. Cuando vi la película *Nuestro hogar*, lloré desde el alma recordando y reconociendo que ese lugar es así.

En realidad, pertenecemos a nuestras familias cósmicas, y las estamos representando aquí en la Tierra. Es decir, no es que seamos de este planeta o que pertenezcamos a él, sino que estamos aquí de paso en nuestra evolución cósmica, cumpliendo con un propósito de vida. Y no estamos solos.

Siempre he sabido que me llevan entre algodones, que me acompañan, me protegen y me cuidan. Siempre he dicho que soy una mimada, una consentida del universo, y comprenderás mejor por qué a medida que avances en la lectura de este libro. Vivo con la convicción, desde mi niña interior, de que mi vida no es más que una pincelada en mi historia dentro de este universo.

Siento que no soy nada en cuanto a lo que es la personalidad física. Tengo mi ego aquí en el planeta Tierra, pero también, como cada ser humano, soy grande desde el alma. Y procuro que mi existencia aquí consista en tratar con otras almas grandes. Me gusta que participemos de la experiencia de estar en este mundo físico todos juntos, desde el amor y no desde el ego, sin que prevalezca la mente de la personalidad física, sino como seres espirituales que compartimos con otros seres espirituales en la grandeza de quienes somos realmente. Y somos pura esencia, pura conciencia y puro amor.

Vamos a ir viendo cada vez más experiencias de personas que hacen grandes conexiones, no solamente con su alma sino también con su familia cósmica. Una de esas experiencias es la de la doctora Beisblany Maarlem, que estuvo recientemente en el curso zen que dimos en Sevilla. Oriunda de la República Dominicana, Beisblany reside y ejerce como médico en Brasil. No se esperaba lo que le iba a pasar en el avión, durante el viaje que emprendió desde Brasil hasta España para asistir al curso zen. Tuvo una conexión maravillosa, que incluí, explicada por ella misma, en mi blog. La reproduzco en el apéndice 1 de este libro.

2

FUERA DEL CUERPO

De niña, estaba familiarizada con las experiencias fuera del cuerpo. Tenía la costumbre de ir al baño; me sentaba en el inodoro y ahí me relajaba. Durante ese ratito vaciaba mi mente y de repente salía del cuerpo; entonces, me encontraba siempre en el mismo lugar: sentada encima de una farola ubicada en la colina que había delante de mi casa. Desde ahí observaba a los vecinos que subían y bajaban con la compra, a los niños que volvían del colegio, a los padres que regresaban del trabajo... De vez en cuando me preguntaba: «¿Por qué no me saludan? ¿Es que no me ven?». Era evidente que no me veían, puesto que nos encontrábamos en planos completamente distintos. Yo estaba en otra realidad, donde no pasaba el tiempo.

Recuerdo también cómo en ocasiones flotaba por encima de mis hermanos. Estábamos jugando y yo me distraía; me relajaba y me metía en mi mundo de fantasía. Salía de mi cuerpo tan feliz y jugaba flotando por encima de ellos, y a la vez me preguntaba: «¿Por qué no me ven? ¿Por qué no se sorprenden al ver que estoy flotando por encima de sus cabezas?». Para mí, esto era un maravilloso juego inocente. Me imaginaba que quizá ellos también hacían lo mismo sin que yo fuese consciente de ello, a la vez que ellos tampoco eran conscientes de lo que yo sabía hacer. Me extrañaba, pero me conformaba con vivir mi propia locura, mi propia dicha, mi propia libertad... Porque en esos momentos, cuando estaba fuera del cuerpo, me sentía libre y feliz; la sensación de no estar recluida dentro de un cuerpo denso era de puro gozo.

Recordar esos momentos me aporta una felicidad inmensa. Bajaba las escaleras de casa flotando, sin pisar ningún peldaño, y después las volvía a subir, una y otra vez. Cuando estaba en el cuerpo físico era muy diferente: era muy asmática, de modo que me ahogaba al subir o bajar las escaleras, o al subir por cualquier lugar que tuviese un poco de pendiente... Me costaba mucho hacerlo; sufría considerablemente dentro de mi cuerpo físico. En cambio, no padecía este sufrimiento cuando me salía de él y vivía esas experiencias maravillosas; ¡por eso me sentía tan libre y feliz!

Siempre experimentaba el regreso al cuerpo como la vuelta a algo denso, pesado, desagradable... ¡Me pesaba tanto el cuerpo!... A veces me preguntaba qué podía hacer para liberarme de esa sensación de pesadez, y únicamente encontraba la liberación cuando decidía no comer, o comer menos, o cuando me imponía algún ayuno. De manera que les decía a mis padres: «Hoy no como», o bien «Hoy solo quiero comer fruta»... Este comportamiento les preocupaba un poco, porque no entendían a qué se debía, y más desde el momento en que yo era una niña delgada. Siempre he sido muy delgada, pero esa no era mi preocupación; yo solo quería sentirme libre de la pesadez de estar dentro de un cuerpo físico.

3

MANOS MÁGICAS

De niña tenía un don especial, al que mi familia nunca dio mayor importancia: el don de la fertilidad. «La niña tiene esa gracia», decían en mi casa, en un lenguaje muy típico de Irlanda. Se ve que he traído ese don como un regalo para esas mujeres que no pueden, por circunstancias equis, concebir un hijo por bloqueos de algún tipo. Pero para mí significaba algo más sagrado, más divino, más multidimensional. Recuerdo que había mujeres que se acercaban a tocarme la cabecita y decían:

—¡Lo que daría yo por tener una niñita como tú!

Y así era; desde ese momento, podían concebir. Ese don lo practicaba sin apego al resultado y sin necesidad de obtener ningún tipo de reconocimiento.

Llegó el momento en que empecé a tomarme ese don más en serio, sobre todo cuando las personas se acercaban a mi casa para pedir consulta. Si salía ese tema, les ofrecía mi «toque mágico». Hoy sigo conservando este don, e incluyo algunos testimonios recientes en el apéndice 4. Una de las personas que se beneficiaron de este don fue mi propia hermana. No lograba concebir, y después de siete años de búsqueda se plantó delante de mí y me dijo:

—¡Va, venga, tócame la barriga!

Y así lo hice. ¡Tuvo cinco hijos! Su marido, un poco asustado, se fue a hacer la vasectomía un tiempo después de tener el cuarto hijo, pero ella ya estaba embarazada. Fue un embarazo sorpresa. Como su hijo pequeño ya tenía seis años por aquel entonces, había vaciado la casa de juguetes, de ropita, de enseres para bebés, creyéndose liberada de la función de tener que cuidar de otro... y vino una hija más.

Cuando alguna pareja se acerca a mí por este tema, toco la barriga de la mujer y les doy mi bendición. Y tienen lugar esas sorpresas, contra todo pronóstico médico... «¡Magia potagia!», les digo a las futuras mamás.

En el colegio, cuando algún niño o niña se encontraba mal, mi gesto era poner la mano sobre la zona que le dolía. Era un comportamiento que me salía de forma natural, innata. Muchas veces los niños se asombraban al ver que se les había ido el dolor, y yo misma me sorprendía. Cuando me tocaba vigilar en el recreo y algún niño se hacía daño, le ponía las manos y me quedaba maravillada al ver que seguía jugando. Esto me inquietaba; pensaba: «¿Por qué yo?». Siempre me había sentido diferente y quería creer que había algo más dentro de mí, que estaba en este mundo con un propósito mayor.

Al salir de misa en Irlanda miraba a todas las parejas y familias que iban saliendo de la iglesia, y mi mayor sentimiento era que yo no quería llevar esa vida; no necesitaba seguir ese patrón. Tenía la vista puesta en horizontes mucho más lejanos. Sentía que tenía un propósito mayor que el de casarme, tener hijos, ganarme la vida con algún empleo y envejecer en el pueblo. Tenía que hacer algo más; algo que me llenara el alma.

4

CONEXIÓN POR LA MÚSICA

Pasaron los años y cada vez tenía más claro que debía salir de mi país natal. Necesitaba volar, así que decidí estudiar idiomas. Y ¿qué mejor lugar para vivir cerca de mi sueño que España? Allí había sol, calor, frutas, vegetación exótica, alegría, libertad, mucha música...

Adoraba la música. De hecho, de niña tocaba el contrabajo; había interpretado música de cámara y había tocado también en una orquesta sinfónica. La música me transportaba; me permitía evadirme. Tenía la sensación de que cuando me dejaba fluir con ella alguien se acoplaba a mi cuerpo y tocaba por mí. Mi profesor de música nunca pudo comprender la transformación que experimentaba cuando me sucedía esto, pero se deleitaba con ello.

En Irlanda todo el mundo toca un instrumento; es algo cultural. Es de lo más normal ir a un *pub* y encontrar a músicos espontáneos llenando el ambiente, tocando música tradicional, junto a sus güisquis y cervezas. Los *pubs* eran para muchos, en aquel entonces, el único lugar de encuentro; ahí se refugiaban del frío y la lluvia. Esos lugares estaban llenos de humo y el olor a cerveza era intenso. No había escapatoria: las interminables rondas de cerveza bajaban la conciencia de los adultos, de modo que todos hablaban fuerte y las risas eran estruendosas. Mientras tanto, la música sonaba a tope y los niños correteaban de un lado para otro.

En ese ambiente, me ahogaba a todos los niveles. Al ser asmática, casi no podía respirar con todo ese humo, pero con tanto ruido nadie escuchaba la intensidad de mi respiración. No quería otra cosa que salir corriendo de ahí; no me gustaba lo que estaba viviendo e incluso llegué a pensar que un ataque de asma «definitivo» podía liberarme de esa locura y llevarme de regreso a casa, a mi hogar del otro mundo.

En mi hogar terrenal, mi padre ponía música clásica los fines de semana. Esto agradaba a mi alma; caló hondo en mí. A partir de los once años ya tocaba en una orquesta. Todos los sábados me juntaba con ciento veinte músicos jóvenes y personas afines; para ello, no me importaba levantarme a las seis de la mañana y caminar durante cincuenta minutos, bajo la lluvia a veces, para tomar un autobús y estar en un pueblo lejano a las nueve, ensayar hasta las doce y media y regresar después a casa. Con tantas horas tenía tiempo para reflexionar y sentir cosas distintas. Fue importante para mí escaparme del pueblo y compartir con otras almas musicales, entre las cuales destacaban algunas personas especiales, incluido algún que otro genio; había mucho talento en aquel grupo.

Me di cuenta de lo importante que es descubrir ese don que traemos todos al nacer. Y el don de cada uno lleva el sello personal de cada cual. Cuando el don brota y te aporta ese suspiro, esa alegría, ese gozo que te quita el aliento, en ese momento sabes que has conectado con el alma. En ese momento recuerdas ese «algo», y el tiempo deja de existir. Gozas de una especie de abandono y solo deseas saborear esa conexión al máximo, empapar todas tus células con esa esencia y que eso no acabe nunca. En ese momento estás *in spiritu*, inspirado. No importa ni cómo ni quién ni qué hayas sido; solo ERES. Quedas gustosamente atrapado, con todos tus sentidos activados.

Para mí, la música ha sido y sigue siendo un detonante de este estado. En general, es un instrumento habitual de conexión, incluso para los no músicos. Cada cual tiene sus propios gustos musicales; cada uno posee una voz, un estilo, una pieza de música especial... Es habitual que tengamos una canción favorita que nos transporta a un momento del pasado. La música nos sirve para sacarnos de un estado depresivo o de un conflicto, para borrar un disgusto, para olvidar una discusión, para pasar página, para renovar nuestra energía, para soltar un mal rollo o simplemente para estar en el presente, que es el mejor regalo.

En Oriente me encantaba escuchar a las monjas y los monjes budistas cantar sus mantras. De alguna manera me recordaban otras vidas. Fueron vivencias tan intensas, álmicas y sentidas que no podía evitar sentirme una más entre ellos; ¡justo lo que buscaba sentir desde niña! No me costaba relacionarme con esas personas. El idioma no suponía ningún obstáculo; nos entendíamos desde el alma. Recuerdo el intercambio de miradas, los abrazos espontáneos, las sonrisas de complicidad... Había una lagrimita fugaz, un suspiro intenso, un «yo también te quiero». Esos momentos mágicos solo se viven cuando nos damos permiso para pararnos, detener la rutina y sentir el presente.

Cuando iba a misa con toda la familia, me encantaba escuchar el coro y el gran órgano de la catedral del pueblo; aún recuerdo el olor del incienso y los abrigos húmedos. Disfrutaba canturreando los himnos mientras mi padre cantaba a pleno pulmón y desafinando bastante (la música no era precisamente su don). Mis hermanos y yo de vez en cuando le hacíamos algún que otro gesto para que no cantara tan alto, y nos hacía caso (¡gracias a Dios!).

Después del último himno tocaba comer un delicioso helado de vainilla. Ese recuerdo jamás se me borrará. Con el último himno de la misa ya se nos hacía la boca agua solo con pensar en ese manjar. Es curioso cómo asociamos eventos, sentidos, placeres, miedos, momentos, lugares, personas... Todo ello está interrelacionado, como en una red, y cuando el alma conecta con uno de estos elementos, se activan todos los demás. Un solo detonante, quizá el estribillo de una canción, dispara un recuerdo. Entonces obtenemos una conexión.

* * *

La música es, en efecto, un detonante para la conexión con el alma. Los bebés lo tienen claro. Ponle música a un bebé y mira cómo sonríe, cómo siente. O reúne a varios niños en un grupo y observa cómo a través de la música se transforman en personitas mágicas. Date cuenta de cómo incluyen a todos y crean un alma grupal; cantan y bailan sin excluir a nadie.

Como dije, mi padre ponía música clásica en casa. Yo hice lo mismo con mi hija, Joanna. Cuando Joanna era todavía un bebé, bailaba con ella en el salón de casa; ponía música de Mozart, de Beethoven y también de Strauss. Le encantaba que bailásemos *El Danubio azul*; siempre pedía más, y canturreaba la música durante el baile. Dábamos vueltas hasta marearnos; finalmente caíamos en el sofá y nos reíamos a carcajadas.

Más adelante, en la segunda parte, hablaré largo y tendido sobre Joanna y sus extraordinarias conexiones, pero avanzaré un episodio que tiene relación con el tema que estamos tratando ahora, la música.

En una ocasión, contando Joanna con dos años de edad, fuimos a visitar a mi maestro, como acostumbrábamos a hacer los fines de semana. Estábamos en la cocina comedor terminando de comer, junto con el maestro y otras personas. Joanna terminó antes y se fue al salón que había al fondo de la casa, donde conservaban un antiguo piano que no funcionaba muy bien. Mientras tomábamos el té, escuchamos una música clásica procedente del fondo de la casa, y lo primero que pensé fue que Joanna había puesto en marcha el aparato de música o la radio. No le di importancia, pero el maestro me miró y me dijo:

—Ve a ver qué está haciendo la niña.

Cuando llegué al salón, vi a Joanna de pie al lado del piano, que tenía la tapa levantada. La música se había detenido y Joanna me miraba con ojos de «hola, mami», sin más. Busqué por el salón el aparato de música que debía de haber puesto en marcha, pero todo estaba desenchufado; no había tocado nada. Entonces le pregunté:

—¿Qué hacías con el piano? ¿Estabas tocando música?

Me miró como diciendo «yo no sé nada», con ojos de culpable pero fingiendo ser inocente. Volví a la cocina comedor y dije:

—¡No hay nada enchufado!

Y mi maestro me miró y me explicó:

—¡Joanna; Joanna recordando!

Pensé: «Pero ¿cómo va a tocar música clásica?»; y él sacudió la cabeza, como pensando: «¡Ay, esta madre inconsciente, que todavía no se entera!».

Fue muy divertido ver la reacción de todos los presentes, y tomé buena nota de la experiencia: ¿por qué había ocurrido aquello?, ¿cómo había podido suceder?, ¿de dónde venía esa música?, ¿qué es lo que me quería transmitir? Más adelante tuve un sueño. Tras preguntar qué tenía que ver Joanna con esa experiencia, o qué tenía que aprender yo de ella, tuve un sueño revelador. Entré en un pequeño salón donde había aparatos de música, incluidos algunos de reproducción de casetes y tocadiscos, y estaba sonando *El Danubio azul*.

Miré los aparatos electrónicos pero la música no salía de ahí. Hasta que se abrió una puerta que daba a un patio interior, donde Joanna estaba jugando. Me miró como diciendo: «¡Que soy yo, que soy yo!». En ese momento reconocí que ella tenía el recuerdo de cuando sabía tocar esa música, que fue compuesta por Johann Strauss junior. Johann, Joanna... De repente hice la conexión con el alma y descubrí las dotes musicales de mi hija. Tiene una voz preciosa, de soprano, y recordé que cuando era aún muy pequeñita, un bebé, le encantaba cantar ópera sentada en la bañera (subía y bajaba la escala musical con esa gran voz). Me encantaba escucharla y siempre bromeaba con mis amigas:

—¡Mirad, tenemos a Joanna cantando ópera en la bañera!

La música siempre ha hecho vibrar mucho a Joanna; le encanta escucharla y ponerse a tocar un teclado que tiene en casa, lo cual hace con una enorme facilidad, aunque nunca se ha puesto realmente a recibir clases. Cuando lo pida, será el momento correcto. En cualquier caso, tiene un buen oído musical y ganas de escuchar, lo que la transporta a otros estados de conciencia. La música es una vía de conexión para ella.

5

COMPAÑÍAS INVISIBLES

Mi sueño de viajar eclosionó un verano en que trabajé de niñera en la Costa del Sol. Contaba con apenas dieciséis años. Fue entonces cuando me di cuenta de cómo era el mundo fuera de Irlanda. A partir de esa vivencia tuve claro cuál iba a ser mi destino. Esto se confirmó posteriormente con la muerte de mi querida profesora de castellano en el instituto, quien me había anunciado que mi futuro estaba en España. Pero vayamos por partes.

Cuando voy hacia atrás y busco cuál fue la primera persona que tuvo un gran impacto sobre mí en mi camino hacia la conciencia, encuentro que fue Kathleen McQuaid, mi queridísima profesora de castellano y de religión en el instituto católico al que asistí a partir de los once años.

Kathleen fue una mujer muy especial para mí. Destacaba por su dulzura, su sonrisa, el brillo de sus ojos. Su voz era muy suave y tranquila; no recuerdo haberla visto enfadada jamás. Tenía muchas limitaciones en su movilidad, como yo;

en su caso, debido a una artritis reumatoide bastante avanzada. Hablar con ella siempre me resultó sumamente familiar, natural y especial.

Me marcó particularmente por las historias que nos contaba en clase, sobre todo en relación con su hermana pequeña, que tenía el síndrome de Down. Por lo visto, todos los bebés que tienen este síndrome nacen con el cuello rígido y tienen muy poca movilidad en esa parte del cuerpo, pero cuando la bautizaron, al poco de nacer, el bebé giró el cuello por completo y miró la estatua de la Virgen María. La estatua se encontraba detrás del cura que estaba bautizándola en el altar, y el bebé la miró con una gran sonrisa. Eso sorprendió a todos los presentes, porque era un milagro en toda regla, un comportamiento imposible médicamente hablando.

Pasaron los años y la niña fue creciendo. Tenía un lugar favorito, que era el fondo del jardín, donde había un árbol junto al que veía manifestarse una figura. Volvía a casa expresando una gran alegría por el hecho de que aparecía una bella mujer junto al árbol; «señora hermosa», repetía (*lovely lady* en inglés). Pero nadie le hacía demasiado caso, porque era una niña extremadamente inocente y los demás creían que debía de tratarse de una fantasía. Un día agarró de la mano a Kathleen y la llevó hasta el árbol; lo señaló y le dijo lo mismo: «¡*Lovely lady*!».

Nos contó también que en una ocasión ella misma estuvo ingresada muy enferma, y que apareció su difunto padre al pie de la cama y le hizo recordar las experiencias que habían tenido con la señora hermosa que veía la hermana, y también el milagro que aconteció en el altar. El padre le dijo que no se preocupase, que pidiese ayuda a esa señora hermosa, que ya habían entendido por fin que era la Virgen María. Al poco tiempo, y de manera repentina, Kathleen experimentó un gran alivio. Después de sentir cómo una luz recorría todo su cuerpo, se liberó de su dolor. Sintió tanta felicidad y ausencia de dolor que se puso a saltar en la cama. Durante unos días se encontró bien, para sorpresa de los médicos. Le dieron el alta, pero la enfermedad y el dolor regresaron. Sin embargo, ya había vivido una experiencia maravillosa, multidimensional, que le hizo perder el miedo a la muerte.

Esto me recuerda otro caso de sanación por intervención de presencias multidimensionales, protagonizado por un muchacho llamado Carlos, que estuvo en el curso zen que impartimos en Guadalajara (México). Fue una maravillosa experiencia multidimensional que tuvo a los seis años. Hasta el día de hoy, no se ha podido hallar ninguna explicación médica a su caso. Puedes leer su testimonio, que también fue publicado en mi blog, en el apéndice 2. Doy las gracias a Carlos por su valentía, por compartir desde el alma esta experiencia, que puede ayudar a muchas personas a comprender que hay mucho más de lo que vemos y que nos cuidan desde otro lugar.

* * *

La despedida que escribió Kathleen en mi cuaderno fue preciosa. Escribió que le encantaba mi estilo de castellano y me invitaba a seguir mejorando. En un momento dado, en el curso de una de nuestras conversaciones, me dijo:

—Suzanne, tu futuro está en España. Continúa mejorando y sigue esta pista.

Tenía yo diecisiete años y acababa de finalizar mi último año en secundaria cuando ella falleció, en verano. Recuerdo que, en el funeral, sentí su presencia a mi lado. Sentí algo tan fuerte, tan físico, tan emocional, que lloré durante toda la misa. No lloro fácilmente en los funerales, pero en ese caso fui presa de un llanto incontrolable por lo que estaba sintiendo en ese momento.

Esta fue una bellísima experiencia que tuve con ella, pero lo más sorprendente aconteció más tarde. Mi maestro hizo un ejercicio conmigo y con otros amigos y compañeros de la enseñanza: nos colocó en la cabeza un cuenco tibetano y le dio unos toques especiales, de tal manera que nuestra vibración o frecuencia se expandió. Ocurrió que seres relacionados con nosotros pudieron sentir nuestra vibración a larga distancia, de modo que se presentó durante ese ejercicio. Mi maestro comentó:

—Hay aquí presente una señora que te amaba mucho; teníais una muy buena relación en el instituto. Quiere que sepas que lleva mucho tiempo contigo y te está ayudando desde la dimensión en la que se encuentra como guía en tu camino.

Enseguida me sobrevino ese mismo sentimiento de gran emoción que había experimentado en el funeral; de repente se produjo esa conexión desde el alma. Desde entonces la tengo presente, porque lo está. Fue un regalo saber de su continuo servicio. Es un ángel en el cielo y fue un ángel en la Tierra. Ella conocía los anhelos de mi alma y la he sentido siempre como muy familiar. Así que gracias, Kathleen, por todo lo que me has aportado, lo que me has inspirado y lo que me sigues inspirando. Seguiré en España llevando a cabo mi misión.

6

FLIRTEOS CON LA MUERTE

Después de dejar el instituto, entré en la Universidad de Queen's, en la ciudad de Belfast (Irlanda del Norte). Estudié filología románica y lenguas modernas, para tener los conocimientos necesarios para poder viajar y trabajar fuera de mi país. Allí se me despertó un gran interés por el tema de la vida natural, la dieta sana, el deporte y la naturaleza.

Pero en esa etapa tuve una desagradable sorpresa: el diagnóstico de un cáncer de cuello de útero, con un pronóstico muy grave. El médico me dio un uno por ciento de posibilidades de sobrevivir si no me sujetaba al protocolo médico, y me aferré a ese uno por ciento. ¡Ese uno era yo! Ahora que estaba empezando a disfrutar de mi libertad y de una vida social, me era inconcebible abandonar el planeta. ¡Ni un cáncer me iba a quitar ese sueño! Me esperaba a la vuelta de la esquina un año sabático en Barcelona, en la Universidad Autónoma de Bellaterra, y no tenía tiempo para morirme. Así que lancé un gran grito al cielo:

—¡¡SI ME CURO, PROMETO DEDICAR MI VIDA A DAR ESPERANZA A OTRAS PERSONAS QUE PUEDAN ESTAR EN UNA SITUACIÓN SIMILAR!!

Realmente, estaba reclamando una respuesta a una llamada que hacía desde el alma. Pedí la conexión directa; no había tiempo para rodeos. ¡Me sentía tan viva! Al estar totalmente abierta y predispuesta, no tardé nada en recibir las respuestas y señales.

* * *

Como había empezado a tener vida social, me dejaba llevar por mi grupo de amigos de waterpolo e iba con ellos a festejar, trasnochar y hacer vida de estudiante irlandés. Necesitaba sentirme normal y aceptaba esas salidas, aunque fuese solo para salir de la rutina de vez en cuando. Pero recibí una seria advertencia de que ese no era el camino. Un día estaba paseando sola por el centro peatonal de Belfast, mirando los escaparates, cuando de repente empecé a encontrarme muy mal. Sentí una gran opresión en el pecho y que me faltaba el aire. Me apoyé de espaldas en el cristal del escaparate de una tienda de moda y me fui deslizando por él hasta llegar al suelo, donde quedé inmóvil, inconsciente.

Recuerdo verme a mí misma desde fuera y a la gente pasar por delante de mí sin hacer nada; seguro que pensaban que era una estudiante borracha y que ya me levantaría tarde o temprano. Me dije a mí misma: «¡De acuerdo!, me cuidaré mejor. ¡Quiero volver!, lo haré bien. Por favor, por favor...», y enseguida me desperté como si nada, sintiendo algo de vergüenza por la imagen que había ofrecido.

Esa experiencia marcó un antes y un después en mi vida, aunque ya había tenido otra experiencia de calado, a raíz del asma, cuando era más joven. En esa ocasión era de noche y sentí que me ahogaba. No podía respirar, ni hablar, ni chillar, y me sentí morir. Pero luego experimenté una enorme paz y serenidad y todo pasó. Fue como si alguien me estuviera haciendo una sanación. Supe que todavía no había llegado mi momento, pero que si llegaba, no tenía que sufrir ni tener miedo.

Vivir este tipo de experiencias te quita el miedo a la muerte. Si no tienes miedo a la muerte, vives en paz y mueres en paz. Había aprendido la fórmula para una muerte consciente, pero claro, quería dejar lo de morirme para mucho más adelante; no deseaba que fuese a los diecisiete años.

Al haber pasado por la muerte y haber vuelto a la vida me volví más consciente de que hay algo más. A partir de ahí empecé a leer sobre ello; me fascinaban los testimonios que leía en libros y revistas sobre ese tema. Decidí no compartir mis experiencias con nadie durante largo tiempo; en mi país no eran nada abiertos a esas cuestiones y sabía que lo mejor sería callármelo y vivir en paz.

* * *

Al empezar la universidad me tocó vivir en casas de estudiantes. Durante el segundo año conviví con unas diez chicas en una casa grande que tenía muchas habitaciones. Ese lugar estaba encantado. Investigamos su historia y descubrimos que allí había muerto una criada ahogada en la bañera. La bañera aún estaba ahí, con sus cuatro patas, al estilo antiguo. Vivimos muchas experiencias sin saber realmente dónde estábamos metidas y nos tomamos la mayoría de las situaciones como algo divertido. Fue mucho más adelante cuando entendí la seriedad de todo aquello, al comprender la multidimensionalidad del ser humano. Pero cuando estuvimos en esa casa éramos muy inconscientes, además de ignorantes.

Uno de los grandes secretos de este planeta son las realidades invisibles con las que convive el ser humano. En efecto, hay otras dimensiones, otros planos coexistiendo con nosotros. Con películas como *El sexto sentido* o *Más allá de los sueños*, o series como *Entre fantasmas* o *Médium*, el tema de la muerte se ha vuelto algo más asequible para el público en general. Ya se puede tratar con más naturalidad y muchas personas empiezan, por fin, a dar su propio testimonio.

Mis años de estudiante en la universidad y mi tanteo con la enfermedad y la muerte fueron los pasos preliminares a una vida intensa dedicada a la búsqueda de mí misma y del sentido de esta vida. En un corto espacio de tiempo el asma desapareció y el cáncer remitió, así como la alergia al sol y los problemas digestivos que había sufrido, entre otros problemas físicos y emocionales. Mi vida, de hecho, se reseteó por completo y renació una nueva versión de Suzanne. Por delante me esperaba una larga etapa en Barcelona y otros aprendizajes.

7

LA MAGIA DEL DEPORTE

En Barcelona descubrí un nuevo mundo y una sociedad diferente; sentí que encajaba en ese lugar. Me encantaba vivir en una capital cosmopolita, donde encontraba más espacio para mí, donde no tenía encima las miradas de la gente pueblerina irlandesa. Como sabemos muy bien, en los pueblos todo el mundo se entera de todo, todo el mundo sabe de tu vida; no tienes intimidad, ni espacio, tienes que respetar los protocolos y las formas del pueblo. En cambio, en la ciudad todo es diferente. Tras dejar atrás el asma, el cáncer, la alergia al sol... disfrutaba ahora de una nueva salud, una nueva alegría. Empecé a descubrir el gozo inmenso de ver cómo respondía mi cuerpo ante cualquier esfuerzo.

Ahí comenzó mi trayectoria deportiva. Era una nueva etapa en la que conocí a gente sana, amante de la naturaleza; gente que tenía ilusión, aunque fuese por ganar una medalla o un trofeo... Para mí era una nueva experiencia y me aferré a ella, sabiendo que mis pulmones responderían a la demanda de acabar una maratón, un triatlón, un duatlón, una carrera campo a través... Estaba segura de que podía aguantar las alturas y la nieve y hacer esquí de fondo. Todo se convirtió en ir detrás del reloj, en seguir los horarios del trabajo y de los entrenamientos.

Gracias a esa nueva forma de vivir aprendí la autodisciplina; entendí que es muy importante poder controlarse a ese nivel. Si tu vida se rige por el desorden, si no tienes una meta, si te falta ilusión por algo, es muy fácil caer en la apatía, la tristeza, la depresión. Tiendes a encerrarte en casa, enchufar la televisión, agarrar el mando a distancia y dejar que pasen las horas. Aunque quizá hoy en día las mayores distracciones son el ordenador, el móvil, los juegos digitales...; las nuevas tecnologías, en definitiva.

A través del deporte descubrí otra manera excelente de conectar con el alma. Me levantaba muy temprano (a las seis de la mañana) para ir al parque más cercano y correr durante una hora, medio a oscuras en según qué época del año. No se oía nada más que el rumor de la brisa al atravesar los árboles, los pájaros, algún que otro conejito que pasaba por ahí, alguien que iba temprano al trabajo, alguna bicicleta, una moto, un coche... Disfrutaba mucho de ese silencio.

Recuerdo las largas horas de entrenamiento. Cuando uno se zambulle dentro de sí, cuando no hay distracciones fuera, cambia la percepción del tiempo. Me recuerdo siguiendo el ritmo paso a paso, avanzando por el camino, mirando el cuentakilómetros y el reloj para controlar el tiempo: ¿cómo iba avanzando?, ¿había mejorado mi marca?, ¿había algo que pudiera hacer para mejorar esa zancada? Todo eso me llevaba adentro; estaba plena y constantemente pendiente de mí.

En ocasiones me olvidaba por completo del trayecto y de la hora; me encontraba de repente en el lugar hacia donde iba sin haberme dado cuenta de los pasos recorridos. Esto era muy mágico para mí. Lo comentaba con algunos amigos:

—Fíjate, he corrido durante una hora [o tres cuartos de hora, o diez kilómetros] y no recuerdo casi nada de lo que pasó desde el momento en que salí hasta que llegué.

Recuerdo el comentario de un amigo en particular, que dijo:

—Es verdad; a mí me pasa cuando voy conduciendo. Salgo de mi trabajo y llego a casa, pero no recuerdo lo que ocurrió en medio; ¿cómo puede ser eso?

Mientras corría aprovechaba para analizar mi corazón, mi mente, mi vida, mi pasado, mis deseos, mis miedos, mis rabias...; eran momentos para estar intensamente en el presente. ¡Total, no había otra distracción! Elegía correr en plena naturaleza; me encantaba pisar y sentir la hierba y la tierra. Cuando podía, me detenía para estirarme; me quitaba los zapatos y sentía la tierra o la hierba bajo los pies. Esta es una buena ocasión para sentirse vivo; además, es muy terapéutico. Escuché recientemente una teoría según la cual pisar la hierba alcaliniza el organismo. Si esto es así, es una buena noticia, porque sabemos que un organismo ácido se presta con mayor facilidad a contraer cáncer, enfermedades degenerativas e inflamatorias... Así pues, ¡a pisar la hierba!

En esos largos kilómetros de entrenamiento de fondo (por fondo se entiende correr o competir en largas distancias) el cuerpo entra en otro modo, en otra forma de gastar la energía. Uno busca conservar la energía para llegar a cubrir largas distancias, y este es un modo de poder olvidarse de sí mismo. Cuando uno se olvida de sí mismo, conecta consigo mismo, con su alma.

Así como la música te transporta, también el deporte lo hace. El cuerpo experimenta una serie de cambios; se elevan los niveles de serotonina (la hormona de la felicidad, la que les falta precisamente a los depresivos). Por eso el deporte es tan bueno para salir de la depresión y la apatía. Cuando esa hormona recorre el cuerpo, aporta paz y alegría, y cuando uno se encuentra en ese estado, conecta fácilmente con su alma. En ese estado de gozo, uno está *in spiritu,* más inspirado.

Recuerdo que cuando practicaba deporte, ya fuera como entrenamiento o en el contexto de una competición, me venían a la cabeza multitud de ideas, y siempre pensaba: «Cuando llegue apuntaré esto [esta idea, esta inspiración]»...

En mi caso, como puede ocurrirles a muchas personas, la inspiración me llegaba cuando estaba corriendo, o montando en bicicleta, o cuando pasaba largas horas nadando en la piscina. Estas prácticas se me hacían monótonas, a veces incluso aburridas, pero la autodisciplina de entrenar todos los días se convirtió para mí, sin ni siquiera yo saberlo, en una especie de meditación, contemplación o reflexión. Así me sumergía en el momento presente. Y el momento presente contiene una frecuencia, una vibración de dicha que nos aporta el regalo de la inspiración. Son esos momentos «¡ajá!» en que sabemos que hemos dado con algo.

Me doy cuenta ahora de lo necesario que fue para mí entrar en esos estados por medio de la práctica del deporte. De hecho, esto me condujo a la siguiente etapa de mi vida.

* * *

Creo que yo podía valorar más que nadie en este mundo la experiencia de practicar deporte a ese nivel, ya que había sido durante toda mi vida anterior al deporte una persona asmática perdida. Nunca mejor dicho lo de «perdida», puesto que me ahogaba buscando la siguiente respiración. Nunca pude entender cómo las personas podían fumar cuando yo estaba luchando por absorber otra bocanada de aire.

Con el deporte aprendes a respirar de otra manera; cuanto más entrenado está el cuerpo, más fácil te resulta manejarte. Por ejemplo, subes y bajas escaleras sin dificultad... ¡Qué bendición! ¡Y pensar que antes había resultado un suplicio para mí el solo hecho de subir las escaleras de mi casa de Irlanda, que tenían no más de quince o veinte escalones! Soñaba con llegar arriba y sentarme en el último peldaño para recuperar el aliento... En cambio, ahora ya no tenía ninguna limitación: hasta en sueños corría, hasta en sueños andaba en bicicleta, hasta en sueños nadaba... Incluso entraba en otros estados, porque en los sueños no nadaba dentro del agua sino fuera de ella: iba a toda velocidad rozando apenas la superficie, fuese la de un río, la del mar o la de una piscina...; no recuerdo de qué contexto acuático se trataba, pero sí la ligereza que experimentaba. Sentía la misma ligereza cuando, en sueños, subía o bajaba escaleras; lo hacía sin tocar ningún peldaño. Flotaba, me elevaba y me desplazaba como cuando se mueve un cursor por la pantalla de un ordenador, y finalmente aterrizaba donde quería. Era mágico.

El estado de cansancio que uno siente cuando termina de practicar deporte constituye un gran placer. El cuerpo cae agotado; se empotra en el sofá y dices: «¡Guauuu! ¡Qué bien; qué maravillosa sensación!». Creo que solo las personas que han practicado un deporte muy intensivamente, o que por necesidad han tenido que correr mucho, conocen ese gozo, ese gran placer que uno siente cuando ha llegado al final.

Y ese gozo, ese placer es lo que cuenta. El gozo y el placer son una vibración, una frecuencia. El estado físico y las circunstancias no tienen importancia; solo lo que tú sientes cuando estás en ellas. Así que cuando quieras experimentar ese gozo, busca las circunstancias idóneas para ti, según las condiciones que te rodeen. Ese gozo es lo que te hará conectar con tu alma. Solo tú puedes saber cuál es tu fórmula, cuáles son tus circunstancias y las condiciones que necesitas reunir para poder sentir ese placer.

8

ATRAER POR EL EJEMPLO

Cuando uno ha estado enfermo, como en mi caso, y recupera la salud y la alegría de vivir, atrae la atención de muchas personas. Los demás se fijan en ti y, al ver tu gran transformación, pasan a preocuparse por sí mismos. Te toman como un referente porque has sabido rehacer tu vida; has tomado las riendas después de haber estado al borde de la muerte o, como en mi caso, después de haber muerto y vuelto a la vida. La gente se acercaba a mí mostrando su interés por conocer mi historia, por saber cómo lo había hecho; a su vez, su interés despertaba en mí el deseo de saber más, de buscar otras fórmulas para poder cumplir con mi propósito de vida y con esa promesa que había hecho de dedicarme a dar esperanza a quien lo necesitase si me curaba del cáncer.

A partir de la nueva vida saludable de la que gozaba, empecé a buscar la manera de estudiar otras líneas de medicina alternativa. Gracias a mi trabajo en Barcelona pude disfrutar de mucho tiempo libre. Trabajaba en un colegio bilingüe privado como profesora y mis horarios me dejaban tiempo libre a partir de las cinco de la tarde, los fines de semana y durante las largas vacaciones escolares. Empecé a aprovechar ese tiempo al máximo; además de practicar deporte, me apunté a cursos de homeopatía, asistí a clases de naturopatía, iba cada miércoles a las charlas que impartía Marc Ams en su Escuela de Salud... También me informaba sobre seminarios de fin de semana sobre distintos temas, junto con amigos pasaba sábados y domingos aprendiendo nuevas disciplinas como geobiología, radiestesia... y me apuntaba a excursiones a lugares sagrados. Me inscribí en un club de excursionismo y en él conocí a más gente afín; constituimos, de hecho, nuestro grupo de amantes de la naturaleza; nos llamábamos *la colla naturista* —*colla* significa 'grupo' en catalán—. Allí hice grandes amigos con los que he compartido muchas experiencias durante muchos años.

Siempre les decía a las personas que se me acercaban:

—Te ayudaré con lo que yo sé.

Y mis primeros conocimientos eran sobre temas de alimentación. Quería compartir con alegría todo lo que había aprendido con Marc Ams, y que tan bien había funcionado en mi caso. Invitaba a las personas interesadas a que vinieran a mi casa y compartíamos horas de charla. Lo hacía de forma absolutamente desinteresada, ya que contaba con mi sueldo como profesora y además no estaba casada ni tenía hijos, por lo que gozaba de libertad económica para compartir con pasión lo que había vivido en mi propia piel.

Así se fue formando un grupo que venía a visitarme en mi tiempo libre. Eso era un compromiso más y una nueva actividad que ubicar en mi horario, pero me daba mucha alegría ver los resultados. Estas personas se convertían en amigos y de esta manera se iba ampliando mi círculo de conocidos en la ciudad. Ellas aprendían a partir de mi experiencia y luego transmitían a otros la suya. Se generó una especie de cadena de favores.

9

UNA FORMA DISTINTA DE ENSEÑAR

A medida que iba aprendiendo, iba transmitiendo también mis hallazgos a mis alumnos del colegio, que en aquel entonces, al principio de mis años laborales en España, eran niños de once, doce y trece años (que cursaban sexto, séptimo y octavo de la antigua EGB). Según fue pasando el tiempo, comprobé que disfrutaba al ver a esos alumnos totalmente interesados en lo que les podía explicar más allá de lo que era el currículo escolar. Mis clases de inglés empezaron a tener un contenido amplio, puesto que les hablaba de nutrición, radiestesia, geobiología... Esto hizo que ellos empezasen a tener una relación muy estrecha conmigo, por las diferentes materias que iban aprendiendo y que posteriormente comunicaban a sus padres.

Fue un enorme placer para mí poder establecer con ellos esa conexión desde el alma. Recordaba aquella profesora maravillosa que tuve en el colegio, Kathleen, y albergaba el profundo deseo de convertirme en aquella profesora que mis alumnos siempre recordarían por ser diferente, por facilitarles la conexión con el alma. Sería alguien a quien escucharían, alguien que les tocaría las cuerdas del corazón. Quería aportarles alegría, alimentar su alma, inspirarles para que fuesen buenas personas y, sobre todo, ayudarles a encontrar su don. Me había puesto como meta encontrar la magia en cada niño.

Así pues, mi forma de enseñar iba mucho más allá de lo que era conseguir que los alumnos aprobasen y sacasen buenas notas. Me interesaba sobre todo el vínculo con ellos. Al ser yo tan joven (llegué a ese trabajo nada más acabar la carrera), me veían cercana; creo que veían a mi niña interior. Yo sacaba a esta niña interior a la vez que imponía orden y disciplina; me ganaba su respeto combinando la firmeza con la manga ancha.

Hubo un grupo en particular que tuve desde sexto hasta octavo de EGB. Curiosamente, cuando terminé esos tres años con ellos el colegio decidió pasarme a secundaria (lo que entonces se llamaba BUP), porque allí había problemas. Viendo que yo tenía cierta facilidad y carisma con los niños, pensaron que era la más idónea para cubrir la plaza de inglés que había quedado vacante. Lo tomé como un reto. Lo era, en realidad. La asignatura que impartía requería trabajo duro. El nivel de exigencia por parte de los padres era alto; estaban pagando mucho dinero para que sus hijos fuesen a un colegio privado de cierto nivel. Por lo tanto, era obligatorio para los chicos llevar bien la asignatura de inglés, que era la más importante en ese centro. Tenía que prepararlos para que se examinasen en Cambridge. Así pues, recayó mucha presión sobre mis hombros, pero no dejé de querer tener una influencia positiva sobre ellos.

Si algo no me hacía gracia, al principio, en cuanto a enseñar en secundaria, era que me veía casi con la misma edad que los chicos mayores, pero pensé: «Algo tendré que aportar y que aprender». Y justo me tocó impartir clases al grupo que llevaba tres años conmigo. Lo maravilloso fue que los acompañé hasta el final de su enseñanza, hasta lo que era COU (el curso previo a la universidad). Disfruté mucho con ese grupo.

Lo curioso era que nos conocíamos tan bien que no necesitaba ser severa; ellos sacaban lo mejor de mí y yo sacaba lo mejor de ellos. Recuerdo a un alumno en particular que era extremadamente tímido; no parecía destacar especialmente en nada, tenía pocos amigos... Pero como mi metodología era un tanto diferente, decidí darle el papel protagonista de la obra de teatro en inglés que preparábamos cada año. Y allí ese chico brilló. Conseguimos que conectara totalmente con su don. El papel era perfecto para él y todo el mundo se quedó asombrado. ¡Incluso él! Hasta el punto de que decidió estudiar arte dramático. Nadie lo habría imaginado... Actualmente trabaja como actor; ha aparecido en muchas series e incluso ha hecho cine.

La manera que tenía de llegar a esos chicos era ser yo misma. Pero, sobre todo, procuraba tratarlos con enorme respeto y cariño, escucharlos, atenderlos y buscar la fórmula para llegar a ellos. Sabía que ese camino de acercamiento no podía ser ortodoxo, sino que la aproximación debía ser a través del humor, el amor, la alegría, la humildad, el respeto... Debía dejarles expresar todo lo que necesitaban expresar y animarlos a que se abrieran los unos a los otros, fluyendo en el presente.

Aunque tuviese que seguir un plan de trabajo, cada día tenía que buscar algo diferente para que adoptasen una actitud más receptiva. Muchas veces me enfrentaba a una clase muy poco predispuesta a trabajar y entonces debía reinventarlo todo para conseguir que la clase fuese agradable. Con tal de que fuera en inglés, buscábamos la manera de conseguir la mejor versión de la enseñanza. Había que conectar con la inspiración, fluir con el momento.

Creo que así ha de ser en la vida. Somos seres humanos que nos encontramos con otros seres humanos y nadie tiene la garantía de que la persona que tiene a su lado se vaya a levantar del mismo humor que tú cada mañana. Las circunstancias pueden marcar el ánimo y no es fácil manejar un cóctel de veinticinco niños en una misma clase —niños cuyas circunstancias familiares y sociales desconocemos—. Por lo tanto, hay que ser humilde y aceptar que nadie tiene la fórmula perfecta para la enseñanza. Por mucha formación universitaria que se tenga, nadie está preparado siempre.

* * *

El hecho de ayudar a los niños a encontrar su don me ayudaba a descubrir mis propias cualidades. Las hallaba por la pura observación de sus reacciones. Ellos me hacían ver que las cosas que yo consideraba normales eran mágicas, porque no todo el mundo sabía hacer lo mismo que yo. Escuchaba mi intuición y tenía una manera particular de transmitir o comunicar lo que sentía: como una niña. Por ejemplo, cuando aprendí a manejar las varillas y el péndulo y se lo mostré, se quedaron totalmente boquiabiertos. Se divertían muchísimo al ver moverse unas varillas de latón y al utilizar el poder de su propio campo magnético. Yo disfrutaba tanto o más que ellos viendo lo bien que se lo pasaban, cómo se sorprendían y cómo transmitían ese entusiasmo a sus amigos, familiares y otros profesores. Cuando percibía sus ganas de jugar y saber más, ¡me sentía como una maga!

Aprendí sobre radiestesia en talleres de fin de semana impartidos por maestros como el reconocidísimo Mariano Bueno, en los que descubrí que para mí era fácil y natural manejar las varillas; lo hacía de manera instintiva. Los otros participantes no se desenvolvían con la misma naturalidad. Los profesores se fijaban en mí al ver cómo iba de aquí para allá siguiendo líneas con las varillas, que se cruzaban de mil maneras..., hasta tal punto que Mariano me pidió que hiciera una prospección de su casa para comprobar su propio análisis de las líneas Hartmann y las vetas de agua subterránea, entre otras cosas. El tema tiene su complejidad y él lo explica muy bien en sus libros, como *Vivir en casa sana*, que es una obra maravillosa. Yo transmitía todo esto como una niña divertida a mis alumnos, y ellos me mandaban ese reflejo de vuelta con su propio entusiasmo.

Esos niños fueron mis primeros verdaderos maestros. El hecho de buscar la manera de motivarlos, comprenderlos y potenciar su don me obligaba a sacar lo mejor de mí misma. Algo importante que descubrí gracias a ellos fue el arte de hablar, de comunicarme, de tal manera que la gente escuchase mi mensaje. Para ello no necesitaba una gran elocuencia, sino hablar desde el corazón y dar mi testimonio, contar mis experiencias. Recuerdo su reacción cuando, en clase, dejaba de impartir la teoría pertinente y les decía:

—Recuerdo una historia...

En ese momento veía un montón de ojos bien abiertos; los niños pasaban a ser pura atención. De repente, todos sus sentidos estaban alerta. Procuraba comunicarme a través de mi propia experiencia de vida y usando pequeños toques de humor; tenía que ser un poco atrevida. Quería ser una profesora diferente, un poco mágica, aunque ello supusiera contravenir algunas normas o salirme de lo establecido.

Creo que logré ser esa profesora especial, porque cuando mis alumnos terminaron sus estudios escolares y yo emprendí un nuevo camino, me entregaron una libreta con dedicatorias por parte de todos. Habían conseguido mucho más de lo que esperaban de las clases de inglés: habían encontrado un sentido a sus vidas. Muchos se habían sentido inspirados para ser profesores, según su don.

Han pasado ya muchos años y todavía sigo en contacto con ellos a través de Facebook. A veces me he encontrado, casualmente, a algunos por la calle, y cuando compartimos en ese rato, su mensaje es: «Siempre me acordaré de ti porque tú marcaste la diferencia en mi vida». Cuando los oigo decir esto, mi propia vida cobra un sentido enorme. Si logras marcar la diferencia en la vida de alguien, ya puedes morir feliz.

Así pues, los años que pasé con mis primeros maestros realmente fueron años de enriquecimiento interior para mí, un auténtico regalo. Estaré infinitamente agradecida a cada uno de esos maestros. En ese colegio donde aprendí a ser profesora, también aprendí a ser alumna, discípula, de la vida.

Estuve enseñando en aquel centro durante nueve años. Los recordaré eternamente como años de crecimiento interno, no solo por mi experiencia como profesora, sino también por todos los conocimientos que adquirí gracias a todo el tiempo libre del que dispuse. Fueron años de autodisciplina, de aprendizaje sobre mi cuerpo físico, de obtención de paz gracias al deporte... Gocé de la armonía del contacto con gente afín, de nuevas relaciones personales. Se acercaba a mí gente que quería escuchar mi corazón, mi mente, mi alma, a través de mi testimonio. A la vez pude conocer el amor y el desamor, y tuve cada vez más claro la importancia de amarse a uno mismo. A pesar de las circunstancias, uno debe respetarse a sí mismo por encima de todo y amarse en cuerpo, mente y espíritu.

Dejar de dar clases en el colegio significó el cierre de una etapa importante, y se abrió una nueva puerta que iba a cambiar el rumbo de mi vida por completo. Esta puerta fue mi iniciación en la enseñanza de los cursos zen, cuando conocí a una persona muy importante para mí, que me iba a guiar en la sanación de mi alma.

10

LA RAÍZ DE LAS ENFERMEDADES

El factor diferencial de mi vida se fue acentuando cada vez más a través de mi propio aprendizaje, gracias a las experiencias que viví con los niños y con los pacientes –si se pueden llamar así– que venían a visitarme. Empezaba a ver resultados con los «pacientes», pero necesitaba más herramientas, porque lo que funcionaba para unos no servía para otros. Para algunos la respuesta era cambiar la alimentación, mientras que en el caso de otros lo que funcionaba era un cambio en su filosofía de vida; estas personas necesitaban un enfoque psicológico para lidiar mejor con su ira y sus conflictos. Había algunos que hacían caso al aspecto de la geobiología e intentaban neutralizar los campos electromagnéticos de su entorno; por supuesto, el entorno electromagnético más inmediato era su propio hogar, y era provocado por el radiorreloj, las camas articuladas, el televisor... Por aquel entonces aún no había una tecnología tan avanzada como hoy en día, en que tenemos además la wifi y los teléfonos móviles, pero ya se estaban produciendo algunos cambios en pos de la era tecnológica.

El caso es que no había una fórmula, una receta, un patrón o protocolo estándar para todos los que venían, incluso aunque acudiesen con la misma enfermedad o los mismos problemas. Tenía que hallar respuestas más allá de lo que había aprendido hasta aquel momento.

Había dedicado muchos años a descubrir la importancia de una alimentación sana y consciente; había atendido esa parte para limpiar mi cuerpo, desintoxicar el organismo en general, encontrar una mejor salud y disfrutar del deporte y de una vida más plena a esos niveles. Sin embargo, todavía me faltaba abordar el factor espiritual. Había llegado el momento en que necesitaba establecer una conexión más directa con mi alma, con mi programa, para darle un mayor sentido a mi vida y poder ayudar mejor a los demás.

Justo acababa de terminar mi contrato en el colegio cuando se presentó la oportunidad, cuando llegó ese maestro a mi vida. Se anunció que iba a dar un curso en una ciudad cercana a Barcelona y me apunté, feliz, con unos amigos de mi grupo naturista. Jamás habría esperado tanto de ese curso de cinco días. De repente, las piezas del puzle de mi vida empezaban a encajarse. Aprendí cuestiones muy profundas sobre el cuidado del cuerpo y la mente, pero lo más importante que descubrí fue la raíz de las enfermedades. Era algo que tenía pendiente aprender para poder ayudar mejor a esas personas que venían a visitarme y a las que atendía de forma altruista. Había algunos cuyas enfermedades no remitían y yo no podía llegar al fondo, pues desconocía el origen de esas enfermedades. Pero a través de ese curso tan increíble y sorprendente descubrí la multidimensionalidad del ser humano.

Se aprende a buscar la raíz de una enfermedad conectando con el campo magnético, el sistema nervioso y el alma de la persona. Se puede saber si la raíz del problema reside en sus hábitos físicos, o en su mente o corazón (en sus pensamientos, sentimientos o emociones), o si se halla en un nivel multidimensional. Fue increíble para mí descubrir cómo esto se podía averiguar de una forma sencilla pero a la vez sofisticada.

Ese gran maestro era también médico de profesión y podía hacer el diagnóstico incluso a distancia; era como si escaneara a sus alumnos utilizando una grandísima capacidad. Nos podía detectar en un instante cualquier dolor, molestia, dolencia o enfermedad que tuviéramos mientras hablábamos directamente con él, al hacer nuestras preguntas en clase. Me despertó una gran admiración y a la vez sentí el anhelo de poder alcanzar esa capacidad, para poder ayudar a muchas personas.

Durante esos cinco días aprendimos a desarrollar esa práctica tan altamente científica, basada en multifrecuencias. Para ello tuvimos que sensibilizar el cuerpo y abrir la mente. Adquirí muchos conocimientos y me sorprendí por todo lo aprendido. Salí de ese curso con un cierto nerviosismo, porque se habían abierto campos nuevos para mí, que estaban sobre todo relacionados con otras dimensiones.

* * *

De repente había recibido información sobre los espíritus que conviven con el ser humano, detrás del ser humano. En general, se trata de familiares fallecidos que no han hecho su tránsito a otras dimensiones. El maestro habló de ello de una forma tan sencilla y natural como la vida misma; era el año 1995, y todavía no se hablaba de esos temas abiertamente. Hasta unos años más tarde no empezaron a propagarse películas y documentales que trataban el tema con cierta naturalidad.

Tenía cierto temor a acercarme a los miembros de mi propia familia para ofrecer esa ayuda, sabiendo perfectamente qué había detrás de ellos: familiares fallecidos años atrás que todavía estaban ahí. Este ámbito de conocimiento era totalmente nuevo para mí, pero tenía que afrontar esa realidad recién descubierta de la multidimensionalidad. Y lo primero era cuidar de mí misma, para poder luego ayudar a los demás.

Me sentía muy feliz y aliviada; tenía la absoluta certeza de que siempre había estado esperando ese conocimiento. Sentía que resonaba en mi alma, en mi corazón, en mi mente, en todos mis sentidos; era algo natural para mí. A la vez, me hacía recordar todas esas experiencias «extrañas» que había vivido de niña. Ahora sabía que todas ellas habían sido reales, no producto de mi mente, de mi imaginación. De repente, mi vida cobraba un nuevo sentido.

La primera persona que me pidió ayuda dentro de mi propia familia fue mi abuelo fallecido. Al reconocer mi capacidad, nada más terminar el curso se manifestó a través de un sueño, y empecé a sentir su presencia. Conecté con su alma e hice un trabajo con él a lo largo de tres días. Había sido una persona muy querida para mí, además de un gran hombre, que había luchado en la Segunda Guerra Mundial. El amor que emanaba, la alegría de sus carcajadas habían vibrado con mi propia alma. Ahora necesitaba ayudarle a hacer el tránsito, para que pudiese volver a su destino. Para mí eso era algo totalmente nuevo, de modo que puse todo mi corazón en ello. Recuerdo que en la última meditación que hice para él noté que se acercó a mí, me tocó el brazo y sentí todo su amor. Se me desbordaron todas las emociones, de modo que lloré, a la vez que estaba muy feliz por su felicidad. ¡Por fin pudo marcharse en paz; por fin obtuvo esa liberación! Gracias a esa experiencia adquirí una confianza absoluta en mi nueva capacidad. Tenía que practicarla y entregarme a muchas otras almas que estaban necesitadas de esa ayuda.

11

EL EMPUJÓN NECESARIO

Más adelante apareció una persona que tuvo mucha importancia para mí. Acababa de cambiar de piso y llegué a un nuevo barrio de Barcelona. Con la casa todavía llena de cajas y maletas, tuve que salir a comprar algo de fruta. Al llegar a la frutería, me encontré con que la dueña estaba doblada por el dolor. Se llamaba Carmina, y no tardé en descubrir que era una persona absolutamente maravillosa. Le pregunté qué le pasaba y resultó que tenía un herpes zóster; experimentaba un gran dolor desde hacía meses, pero no quería ir al médico. Era tan luchadora que creía ser autosuficiente y tenía muy claro que no quería tomar ningún tipo de fármaco.

La invité a que viniera a mi casa, si bien le advertí de cómo estaba, pues no había tenido tiempo de deshacer todas las cajas. No le importó. Le hice la práctica y le puse las manos. Descubrí que detrás de ella llevaba un hijo fallecido que no había podido marcharse adonde se tenía que ir; estaba bloqueado en esta dimensión. Necesitaba ser liberado. Le puse las manos para ayudarla con su herpes zóster y en ese momento él se manifestó.

Estuvimos juntas no más de diez minutos, pero se marchó tarareando. No me comentó nada. Fue al cabo de una semana, cuando volví a Barcelona después de un viaje por trabajo, cuando pasé de nuevo por su tienda y se lanzó a mi cuello y, con una alegría increíble, me dijo que todas sus molestias y dolores habían desaparecido, así como la depresión que tenía. La enfermedad la había abandonado.

En nuestro primer encuentro no habíamos hablado en absoluto del tema de su hijo, pero en esa ocasión salió en la conversación. Dijo que había sido un milagro para ella haberse curado de repente después de meses de sufrimiento, pero que lo que más la sorprendió fue poder recobrar la alegría de vivir. Después me contó la historia de su hijo.

Carmina se convirtió en una segunda madre para mí. Cada vez que iba a visitar su tienda me colmaba de frutas y verduras, sin querer cobrarme nada. Me dijo que yo era como una hija para ella. Si no me presentaba en la tienda, venía ella a mi casa con las bolsas, diciendo:

—Hace días que no tienes fruta; seguro que no comes.

Solía decirme que estaba muy delgada y que tenía que comer más. Yo le respondía que siempre había estado muy delgada, pero fuerte.

El caso es que cuando iba por su tienda siempre me presentaba a alguien para que le hiciese el toque zen. Me montó mi primer consultorio donde hacer los toques zen. Era el lavabo de su tienda, donde todo lo que había era un inodoro y un enorme cubo de basura en el que tiraba todos los restos de la fruta. Me metía ahí dentro con esas personas, que eran clientes de la tienda; había sobre todo mucha gente mayor. Les decía que iban a salir como nuevos de la consulta conmigo.

Carmina me puso las pilas; me empujó a que practicara lo que había aprendido. Era tan feliz cuando me veía llegar que iba llamando a toda la gente del barrio para que pasara por la tienda a recibir el toque zen. Había tanto movimiento en ese consultorio con olor a frutas, que Carmina terminó organizándome cursos en el mismo barrio, en las casas particulares de la gente. Fui impartiendo cursos para cinco, diez, quince personas a lo sumo.

Esos cinco o seis años en que estuve en ese barrio fueron los necesarios para mi entrenamiento, para adquirir confianza en mí misma, para ver los resultados, para compartir con Carmina esa alegría. Fueron dos almas que se encontraron, que se amaron, que se adoraron con mucha admiración y con la satisfacción de poder ayudar a todas esas personas necesitadas.

Carmina impulsó un gran cambio en mi vida. Gracias a ella pude practicar lo que acababa de aprender. Necesitaba la escuela de vida que viví con ella. Curiosamente, como nunca hay casualidades, cuando a los sesenta y cinco años le tocó jubilarse, cerró la tienda, y justo en ese momento fue cuando tuve que irme del piso, porque se había acabado el contrato. Pocos meses antes me había quedado embarazada. Deseaba muchísimo ser madre, y junto con mi pareja habíamos elegido traer a Joanna al mundo. Cuando me despedí de Carmina, estaba embarazada de seis meses. En ese punto se produjo el siguiente gran cambio, grandísimo, en mi vida.

12

¿ENFERMEDAD MENTAL O POSESIÓN?

Durante los cinco o seis años en que estuve viviendo en el barrio con Carmina fui avanzando en la enseñanza, aprendiendo los cursos superiores. Después de lograr el cien por cien de capacidad (el tercer nivel) con el maestro, pasé al cuarto nivel, en el cual se hablaba de las posesiones, de las personas que se infectan a nivel multidimensional.

Mi abuela materna había fallecido muy recientemente, tras haber permanecido durante años en una residencia de ancianos, con una enfermedad que habían diagnosticado como alzhéimer. Cuando mi madre iba a visitarla a Londres, siempre decía que no la reconocía, que ya no recordaba quién era ella ni su hermana. De hecho, ya no reconocía a nadie. Además, había adquirido otra personalidad, muy dominante.

Durante ese curso, el maestro nos contó que hay enfermedades mal diagnosticadas, y que muchos casos de alzhéimer no lo son en realidad, sino que se trata de posesión, temporal o permanente. A medida que el maestro iba hablando sobre ello yo iba recordando el caso de mi abuela, y todo encajaba con que no había tenido alzhéimer. Hablé de ello públicamente, en el curso. El maestro contestó que, efectivamente, había estado poseída, pero que había tenido una gran suerte, porque el alma que la había poseído tenía karma pendiente con ella, de modo que cuando falleció ambos se fueron juntos a su destino. Así pues, mi abuela no se había quedado rondando por aquí.

Esta revelación me proporcionó un alivio increíble, pero a la vez fue una lección que me produjo un gran impacto. De pronto entendí que la gran mayoría de las enfermedades psiquiátricas tenían solución; no eran dolencias incurables que necesitasen mantenerse más o menos bajo control con el uso de medicación. Entendí que los psiquiatras necesitaban tener otra comprensión.

En ese mismo curso había un psiquiatra como alumno y el maestro le preguntó, al acabar, qué opinaba, después de aquella revelación, de su profesión. Ese señor contestó:

—Ahora me doy cuenta de que como psiquiatras no sabemos nada. Nuestra labor consiste únicamente en medicar a los pacientes en un intento de que no sean un peligro para la sociedad ni para ellos mismos, pero realmente no podemos ofrecer otra solución.

Ingresar a todas esas personas en un psiquiátrico es solamente reunir en un mismo lugar a mucha gente poseída. Hay que entender que esa gente que está ingresada tal vez no debería estar ahí, sino que son personas que tienen capacidades multidimensionales. Lo que ocurre es que explican a su familia lo que ven y lo que escuchan desde su realidad, desde su capacidad de captar a nivel multidimensional, pero nadie los comprende y los encierran en un psiquiátrico. Ese psiquiatra fue muy valiente y salió del curso diciendo:

—Sé que a partir de ahora podré ejercer mi profesión de otra manera y que seré capaz de ayudar de verdad, como un médico de almas.

* * *

En cuanto a mí, sentí que mi vida iba a cambiar por completo. Ahora ya tenía la herramienta adecuada, lo que necesitaba para ayudar a todas esas personas que se daban por perdidas. Ahora sabía lo que había detrás de los brotes psicóticos, los ataques de pánico, las crisis de ansiedad, la esquizofrenia…, todos esos trastornos que la comunidad médica no puede tratar bien por falta de conocimientos. Así pues, sentí el impulso de colaborar y ayudar; sentí la necesidad de conectar con personas que trabajaban en la medicina ortodoxa, convencional, con este mensaje: «Yo puedo ayudar con algo más; es necesario que trabajemos juntos, no por separado. Yo necesito vuestros conocimientos y vosotros podéis avanzar mucho más con los míos».

Fue así como entré en una clínica privada de Barcelona, donde me proporcionaron una consulta para poder colaborar directamente. Fue un regalo enorme, porque durante seis meses pude ayudar a pacientes que se habían estado tratando allí durante años sin acabar de ver la solución a sus dolencias. La clínica me ofrecía a sus pacientes para que pudiese hallar la raíz de sus problemas; yo les aplicaba la práctica del zen… y asunto resuelto.

Estas personas ya habían hecho sus terapias, tanto dentro del marco de la medicina convencional como de las terapias alternativas, en el terreno físico o en el mental... Pero en esos casos en particular había algún tipo de bloqueo que los médicos y terapeutas no encontraban, y yo hallaba la causa a nivel multidimensional. Aportaba justo lo que en esa clínica necesitaban.

De hecho, llevé la revolución a esa clínica. Obtenía unos resultados tan rápidos, tan inmediatos, que la demanda empezó a desbordarse, y la clínica no daba abasto. Al final, el director médico del centro me dijo:

—Suzanne, eres un fenómeno social, pero este es mi negocio. Me tengo que enfrentar a pacientes que llevan muchos años con nosotros y tú les haces un toque zen y de repente se curan. Y ellos se quejan, porque dicen que han gastado mucho dinero en la clínica cuando en cinco minutos les has quitado el problema. Te respeto enormemente, te admiro y me aporta una gran satisfacción tenerte aquí, pero soy el director de esta clínica y necesito vivir de mi profesión. Así que tan amigos; tú sigue haciendo tu trabajo y yo seguiré mi camino.

Una de las doctoras del centro había aprendido el curso conmigo y continuó aplicando esos conocimientos, mientras que yo lo hice en otro lugar.

13

EL PODER DE LA SENCILLEZ

Cuando dejé el barrio donde vivía Carmina, me instalé en otro barrio de Barcelona, Canyelles, embarazada de seis meses. Ahí empezó una nueva etapa de mi vida, la etapa de ser madre. Hacía años que tenía el gran deseo de saber qué siente una mujer cuando lleva un bebé en su vientre. Admiraba mucho a las embarazadas; el brillo que tienen en los ojos, su dulzura, su ternura, sobre todo cuando son madres primerizas. Deseaba sentir lo que sienten ellas.

Este tema es tan importante y da para hablar tanto que lo desarrollo específicamente en la segunda parte del libro, que dedico más concretamente a las personas que han sido para mí referentes de la conexión con el alma. Una de estas personas ha sido sin duda alguna mi hija Joanna, ya desde el día mismo de su concepción. Por eso hablaré más adelante de mi experiencia en cuanto a la concepción, el embarazo y la crianza conscientes.

Estuve cinco años en el barrio de Canyelles; después me mudé al de Horta. Esto me abrió la posibilidad de tener una consulta en ese mismo barrio y también en otro (ambos en Barcelona). Me repartí entre los dos lugares y pude llevar a cabo una labor muy fructífera. Fui abriéndome a poder ayudar a cada vez más personas que tenían todo tipo de problemas, incluidos desórdenes de índole psiquiátrico.

Una de las consultas en las que trabajé estaba situada en una farmacia, donde me contrataron como profesional para poder atender a los clientes que requerían consejos nutricionales. Tenían una gama muy amplia de medicina ortomolecular y suplementos nutricionales y yo había sido directora técnica, a lo largo de doce años, de dos laboratorios internacionales de suplementos de alta gama. Así que me abrieron una consulta en la parte de arriba de la farmacia. Los clientes obtenían beneficios tan grandes de mis consejos que corrió la voz y terminé acumulando unos ochocientos «pacientes», que llegaron a cubrir todos mis horarios. Incluso me brindaron un espacio donde poder dar charlas en la misma farmacia.

Ahí es donde descubrí la alegría de dar charlas públicas. En la sala de la farmacia había espacio para escasamente veinte o veinticinco personas, pero en ella empecé como conferenciante, a un nivel muy sencillo. Mi público eran sobre todo amas de casa que venían los miércoles por la mañana a escuchar información muy básica relacionada con las enfermedades más típicas y comunes. Buscaban cómo poder solucionar ciertos problemas con suplementos naturales o con cambios en la alimentación; querían saber cómo cuidar la dieta, cómo hacer ayunos y monodietas, etcétera. Me sentía muy feliz y entregada en esas charlas, de modo que las daba con pasión. Me encantaba tener ese público tan receptivo, tan abierto, tan interesado, cuando antes había tenido públicos más exigentes en mi trabajo como directora técnica; era un público más específico y que contaba con un elevado nivel de conocimientos, y cuyas expectativas había tenido que satisfacer (se trataba de médicos, naturópatas, profesionales de tiendas de dietética...). Pero ahora tenía un público muy variopinto, ante el que no era necesario hablar con tecnicismos, sino que podía hacerlo de forma sencilla, como a mí me gusta.

Siempre me había considerado una mujer muy sencilla, que sentía alegría al expresar desde el alma y con pasión mis propias vivencias. Y ese nuevo público era muy cercano y me permitía ser yo misma. Ya no tenía a nadie que controlase el contenido de mis charlas (aunque siempre he sido muy libre en la forma de expresarme). De pronto pude utilizar el amor, el humor, la alegría, la pasión, y contar las anécdotas de mi vida, mis propias experiencias. Esto hizo que ese público se abriera mucho.

Las charlas despertaron un gran interés y nació un nuevo aspecto de mí que agradaba mucho a la gente, de modo que la afluencia de público empezó a aumentar. Venía gente de muchos sitios para asistir a esas charlas, de modo que comencé a darlas incluso en horario nocturno, atendiendo a la demanda. En la última charla que di en aquel lugar la gente estaba por todas partes, incluidas las escaleras y los pasillos, para poder escuchar, y me di cuenta de que necesitaba un lugar más grande.

Esos años terminaron cuando finalmente me tuvieron que despedir, porque un médico que trabajaba en una consulta cercana se quejó y le dijo a mi jefe de aquel entonces que si no me despedía iba a dejar de mandar sus recetas a esa farmacia. Ese médico atendía a pacientes de cáncer, sobre todo cáncer de mama, pero cuando venían a la farmacia a buscar su medicación pasaban a verme a mí, porque mi consulta era gratuita al fin y al cabo, así que no perdían nada. Mi jefe me dijo, con todo el dolor del alma, que no podía perder a ese médico como cliente, porque le suponía un beneficio de tres mil euros al día. Le respondí que no pasaba nada; lo acepté y ahí acabó nuestro trato, de muy buenas maneras. Me pagó mi indemnización por despido improcedente y me fui.

14

OBTENER UN SALDO KÁRMICO POSITIVO

Cuando uno obtiene curaciones maravillosas, la voz corre muy deprisa, y de pronto se produce una avalancha de personas que buscan también su milagro. Empecé a entender la gran responsabilidad que tenía con esas personas, pero a la vez fui consciente de que realmente eran ellas las que me estaban dando a mí la oportunidad de practicar la capacidad que había aprendido para mi propia evolución. Estaba evolucionando con cada ser humano que entraba en contacto conmigo, porque lo que estaba haciendo en realidad era saldar mis propias cuentas kármicas con todas aquellas personas.

En los cursos les digo a los alumnos con humor, como si les explicase una anécdota:

—Si eres peluquero, da las gracias a todas esas personas que se presentan pidiendo que les arregles la cabeza, ¡porque en otra vida seguramente se la habías cortado!

Cuando aprendes el toque zen, todas esas personas que se acercan a ti para pedir tu ayuda te dan la oportunidad de ajustar cuentas a través de esa práctica. Y cuanto más rápido sea el ajuste de cuentas, más karma te vas quitando de encima, más rápido te resulta equilibrar tu karma, eliminar esas deudas pendientes, ir ganando créditos en tu programa de vida. Cuantos más créditos ganes, menos deudas tendrás pendientes en tu cuenta (en el libro *El reset colectivo* bromeaba hablando del «banco de la Divina Providencia», que es donde tenemos esta «cuenta»).

Cuando ganas créditos, empiezas a reducir sus débitos (tus deudas) y vas descubriendo la magia de la vida, pues comienzas a poder canjear tus créditos y a obtener la manifestación de tus deseos: «¡Pide y se te dará!».

Cuando logras restablecer el equilibrio en tu cuenta de la Divina Providencia, pides la manifestación de algo, y tiene lugar de manera automática. Esto es indicativo de que tus karmas ya se van pagando. Además, evolucionas más rápido de esta manera; creas una más alta evolución. Ya no hace falta que esperes tanto tiempo para que se manifieste aquello que estás esperando desde el alma.

15

UN DESPIDO ES UN REGALO

Una de las lecciones de mi maestro era:
—Si recibes un despido, da las gracias, porque es un regalo para tu evolución. El universo te brindará lo que te corresponde; algo mucho mejor te espera.

Y las lecciones de mi maestro contenían siempre una gran verdad. Tenía programada una charla para unas doscientas personas en un centro naturista para el día siguiente del despido de la farmacia, e inicié esa charla diciendo que el día anterior me habían despedido. Lo dije con una alegría, un desparpajo y una despreocupación tales que alguien me preguntó si era broma, si era una manera de romper el hielo con el humor característico de Suzanne Powell. Le respondí que no, que era verdad, y que estaba en paz con ese despido.

En sintonía con la enseñanza de mi maestro, entendí que ese despido era necesario y que me estaba esperando algo mucho más grande. No tenía ningún motivo para juzgar a nadie; todo lo contrario, estaba muy agradecida al director de esa farmacia por todo lo vivido, lo experimentado, lo ganado y lo aprendido a lo largo del tiempo en que pude trabajar en su empresa. Me sentía muy feliz por haber tenido esa gran oportunidad que me brindó y le estaré eternamente agradecida por haber confiado en mí.

En los *resets* colectivos que dirijo, invito al público a cerrar los ojos, a conectar con su ser superior, a desechar de su programa todas las preocupaciones y todos los problemas que tienen en su vida. Les digo que lo echen a la papelera de reciclaje y reinventen su vida en el presente. En esos momentos, cuando dirijo ese ejercicio, el ser superior de cada uno está muy presente y los asistentes conectan con él. Es una manera colectiva de conectar con la propia alma.

Pues bien, en esa charla que di al día siguiente de mi despido de la farmacia, dirigí uno de estos *resets* colectivos. Después de la charla se me acercó una chica, acompañada de un chico, y me dijo que durante ese ejercicio, que se realiza con los ojos cerrados, había visto a un ser gigantesco detrás de mí, de unos cuatro metros de altura. Según ella, le habló y le dijo:

—No te preocupes por el despido de Suzanne, que ha sido obra nuestra. La necesitamos libre y disponible para su nueva trayectoria. Sigue sus enseñanzas y continúa tu camino.

Me preguntó quién era ese ser y le dije que cuando aprendiese la enseñanza lo sabría mejor; que entonces dispondría de la herramienta que le permitiría comunicarse con su propio ser y podría acceder a toda la información que necesitara.

Ese ser era, simplemente, un mensajero. Lo interesante fue que durante esa práctica del *reset* colectivo ella pudo hacer esa conexión. Realmente se trató de una conexión con el alma. Cuando uno vacía la mente y entra en un estado especial de calma, se crea una muy alta vibración, se sube la frecuencia. Esto fue lo que ocurrió en el caso de esta chica, lo cual le permitió hacer esa conexión.

Para lograr este tipo de conexión debemos elevar la frecuencia, la conciencia. Si no, nuestro Ser superior no puede comunicarse con nosotros, y tampoco pueden hacerlo esos mensajeros de los mundos sutiles. Cuando estamos distraídos no podemos permanecer en la frecuencia correcta.

El mensaje que recibió esa chica fue precioso, y también lo tomé como un mensaje para mí. Indicaba que todo era perfecto, que todo estaba yendo tal y como tenía que ir.

Es curioso el hecho de que no he visto nunca más a esa chica. No sé si aprendió los cursos conmigo o con otro compañero mío; el caso es que no recuerdo haberla visto en ninguna otra ocasión. Esto me hace pensar que quizá fue ella la mensajera, que vino a hacerme tomar conciencia de que contaba con ayuda y de que el despido era necesario en ese momento.

Y realmente resultó ser así. Ese despido supuso un borrón y cuenta nueva en mi vida. Me encontré en una situación distinta, con una nueva libertad, incluso económica: cobré el paro durante dos años, con lo cual contaba con lo que necesitaba para salir adelante. Y empecé con la consulta gratuita de forma independiente, sin jefes ni empresas detrás. Partí de cero; no me llevé ninguna base de datos de los clientes de la farmacia, ningún teléfono, ningún contacto. Sencillamente, la gente que me buscaba me encontraba. Por otra parte, comencé a dar conferencias ante un público más amplio, y empezaron a filmarse. A partir de ahí, mi vida cambió radicalmente.

Y todo esto a partir del regalo del despido, que me dio la oportunidad de reinventar mi vida. Eso sí: se requería de mí una confianza total y absoluta. Debía confiar en que siempre tendría lo justo, lo necesario para el día presente. Era una confianza que no me resultaba desconocida; ya había tenido que cultivarla anteriormente.

16

EL USO DEL DINERO

A raíz del despido, recordé un mensaje que me había transmitido mi maestro unos años atrás:

—En el futuro vas a pasar cuatro años de escasez. Aprende a vivir con lo que tienes. No pidas nada a nadie, ni créditos al banco. Aprende a vivir con lo justo. Esto es necesario para tu aprendizaje, pero después podrás disfrutar de libertad económica. Recuerda siempre que cuando se da se recibe. Aunque tengas poco, nunca pienses que no tienes suficiente, porque si no crearás esa vibración y en tu programa se manifestará la ausencia de lo que necesites para vivir. Cuando uno cree que tiene ausencia de abundancia económica, el universo lo que hace es expandir esa vibración, así que expande la ausencia de abundancia de dinero. El universo está sencillamente haciendo su trabajo, el trabajo de expandir. Y lo que obtienes es ¡abundancia de ausencia de dinero! Por la misma regla de tres, es mejor pensar que tienes abundancia de lo que realmente necesitas; tienes tanto que te sobra incluso para compartir. Para aprender la lección sobre lo material, cuando tienes poco, confía y regala, da, ayuda a los demás, porque lo que desees y lo que des a los demás siempre te vendrá de vuelta.

Así que pasé cuatro años viviendo con lo justo, incluso atravesando algunos momentos difíciles, que se resolvían de formas mágicas. Por ejemplo, puedes encontrarte con que te faltan doscientos euros para acabar de pagar el alquiler o una factura, y de pronto ese dinero te llega de la nada, hasta el último céntimo: alguien te devuelve un préstamo que le hiciste años atrás, o sacas un antiguo abrigo del armario y descubres que en un bolsillo interior tenías justamente ese dinero guardado y ni te acordabas... Esos momentos son ciertamente mágicos. Así que siempre hay que confiar.

* * *

El despido de la farmacia no fue el primero que viví. De hecho, a lo largo de mi vida me han despedido varias veces, y me encanta cuando lo hacen.

Uno de esos despidos tuvo lugar hace muchos años. Era antes de la entrada del euro, y me dieron quinientas mil pesetas de finiquito. Gracias a ese dinero pude ir a Vietnam, junto con mi maestro y otra persona, para realizar una obra humanitaria allí, en vivo y en directo. Fui testigo de la lepra, de la gran escasez con la que vivían muchos niños, de la falta de recursos en hospitales, de situaciones extremas de hambruna por culpa de las sequías... Estando allí sentí que realmente era rica.

Cuando tuve la intención de invertir ese dinero para ayudar a nivel humanitario, no pasó ni una semana hasta que exactamente la misma cantidad me vino de vuelta de la nada, y de forma absolutamente inesperada. Se lo comenté a mi maestro, y dijo:

—¿Ves la lección del dinero? Cuando das, si realmente lo vas a necesitar, por el motivo que sea, el universo hará que regrese a ti. Nunca pierdes cuando estás dando.

Cuando estuve en ese viaje, viví la historia, que expliqué en el libro *El reset colectivo*, del milagroso bocadillo de pan blanco, huevo duro, sal y pimienta negra. Harta de comer siempre lo mismo durante semanas (sopa vietnamita), mientras íbamos de viaje en un microbús por un camino largo y tortuoso hubo un momento en que expresé al compañero que estaba a mi lado el gran anhelo que tenía de comerme una *baguette* con un huevo duro, sal y pimienta negra. Pues bien, en una parada que hicimos, mi maestro desapareció en el bosque y regresó con todos esos ingredientes. Hubo pan y huevos para todos. También me entregó un papel de periódico doblado, que contenía una mezcla de sal y pimienta negra. En *El reset colectivo* vienen todos los detalles de la historia.

Esa noche me senté con el maestro en privado y le pregunté:

—¿Cómo lo hiciste? ¿Cómo sabías que yo quería un bocadillo como ese?

Y respondió:

—No lo hice yo; lo hiciste tú. Lo deseaste con toda tu alma y así pudo tener lugar esa manifestación. Aprende la lección: si tienes suficientes créditos acumulados en tu cuenta de la Divina Providencia, en tu cuenta kármica, se canjean muy rápidamente por aquello que deseas con toda tu alma. Por tu trabajo, por tu generosidad, por tu entrega a esta causa, por tu conciencia, recibiste ese regalo. De hecho, te lo has regalado a ti misma. Has conectado con tu alma y tus deseos se han manifestado.

Esta fue una gran lección para mí, que, en adelante, me hizo entender que el dinero puede ser también un camino espiritual. Todo consiste simplemente en saber que tienes suficiente, en el día de hoy, para poder compartir con los que tienen menos que tú. El hecho de que te llegue un dinero no significa que sea propiedad tuya, sino que es un recurso para poder compartir con la humanidad.

En una ocasión soñé que subía una colina. Tenía una pala en las manos e iba apartando grandes excrementos, que supongo que eran de animales. Al mirar atrás, vi una gran cantidad de gente a lo lejos subiendo la colina detrás de mí. Estaba despejando el camino para toda la gente que venía detrás.

Consulté el significado de este sueño con mi maestro y me dijo:

—Está claro: ver excrementos en un sueño significa dinero. En el futuro, serás una persona a través de la cual llegará un dinero que tendrás que invertir para dar de comer a todos aquellos que lo puedan necesitar.

Entendí que ese dinero no era propiedad mía sino que yo iba a ser un filtro a través del cual se utilizaría para poder ayudar a quienes lo necesitasen.

* * *

Hoy por hoy, la *Fundación Zen – Servicio con Amor* sirve de vehículo para lo que llega a través de los cursos. Se trata de un dinero aportado voluntariamente. Damos a los alumnos la libertad de aportar si realmente lo sienten en el alma, si comprenden las lecciones, si tienen recursos para poder ayudar, si desean compartir, entendiendo desde la conciencia que es un regalo para ellos tener la oportunidad de dar un dinero que va a llegar adonde tiene que llegar. Un dinero que es entregado con una intención se tiene que utilizar con esa intención; nunca se debe dirigir a una causa distinta de aquella por la cual ha sido donado. Si no se respeta la conciencia que hay detrás de ese generoso ofrecimiento, la persona que es responsable de repartirlo se carga con un gran peso kármico. Esto lo dejo muy claro cuando organizo eventos solidarios para una causa en particular. En los cursos también, pues hago que los mismos alumnos participen en la decisión de hacia dónde quieren que vayan esas provisiones, ese dinero o lo que ellos decidan aportar para tal o cual causa.

Me tomo muy en serio la gestión de esos bienes, para mi propia evolución y también para la evolución del colectivo. Hay veces en que las personas no comprenden el uso que debe darse al dinero (la conciencia con que debe recogerse y repartirse), incluso en las ONG. A través de la *Fundación Zen – Servicio con Amor*, asumo la responsabilidad de garantizar la gestión espiritual de lo recibido, en beneficio del mayor número de personas posible. Es una responsabilidad enorme, que comparto con los compañeros, con los alumnos y con los asistentes a las charlas. Abrimos nuestro corazón, abrimos nuestras mentes, abrimos nuestras manos y vamos activando y expandiendo la conciencia de todos, como colectivo, a lo largo de todo el proceso.

* * *

Respecto al tema del dinero, quiero hablar de la conciencia con la que uno se implica en el voluntariado. Me he encontrado en muchas ocasiones con personas que se han acercado con el deseo de ayudar, colaborar, sentirse parte del equipo, pero que luego, con el tiempo, se han ido apartando, porque esperaban algo más. Aunque en un principio tenían ganas de ayudar y les resultaba agradable participar en mis proyectos y me admiraban, luego, al ver que no recibían nada material a cambio, se desilusionaban y empezaban a apartarse, incluso a enfadarse. Se autoexcluían del grupo de voluntarios del equipo y, desde su nivel de conciencia, intentaban justificar su retirada desacreditando a los demás. Defendían su propio ego y disfrazaban su propia ambición.

Las personas que tienen este comportamiento no entienden que el trabajo del alma no pide nada a cambio. Cuando uno se entrega como voluntario, obtiene un enorme beneficio en su crecimiento, en su evolución, en su programa. Va ganando muchos créditos, que más tarde se canjearán para anular las deudas pendientes, que pueden ser accidentes, enfermedades, etc. Sin embargo, esta reacción es muy humana. El ser humano tiende a desconfiar y a buscar defender su propio ego. Según el nivel de crecimiento de la persona, esto es más o menos evidente.

Lo he observado una y otra vez a lo largo de todos los años que llevo en España. En el fondo, de alguna manera te hace sentir soledad y falta de comprensión, pero a la vez te lleva a reflexionar y entender mejor la psicología humana. Las lecciones son para todos; para mí incluso. Por ese motivo, intento dejar las cosas claras desde el primer momento, pero aun así constato que algunos no aguantan. Frente a ello, perdono, olvido y acepto. Veo pasar a uno, a otro y a otro, y sencillamente he llegado a un punto en el cual me digo a mí misma: «No cuentes con nadie; no dependas de nadie. Cada uno estará el tiempo que necesite para su propio aprendizaje. Cuando ya no tenga nada más que aportar, o si tiene otros intereses o segundas intenciones, tarde o temprano se autoexcluirá y buscará otro camino, otro lugar donde seguir aprendiendo».

Ahora sé que, cuando alguien se acerca para colaborar y ayudarme en el camino, esa persona en ese momento es un regalo. No debo tener expectativas; no debo esperar más de lo que realmente está aportando en ese presente. Debo agradecer con toda mi alma que esa persona esté compartiendo su camino en ese momento y sin esperar nada a cambio. Por mi parte, aporto todo lo que puedo para ayudarle a recorrer ese camino con claridad, con conciencia y desde el amor incondicional. Seguro que ambos estamos aportándonos cosas a muchos niveles, de los cuales quizá ni siquiera seamos conscientes. Estamos saldando cuentas kármicas el uno con el otro, hasta que llega el momento de que cada uno siga su camino.

Justo cuando esa persona ha elegido apartarse y seguir otro camino, de repente aparece una nueva que lo puede hacer incluso mejor. Nadie es imprescindible. Todos somos maravillosos; ejemplos distintos de seres humanos que compartimos en esta vida. Cada uno tiene sus aptitudes, sus características personales, y puede ofrecer lo mejor de sí en cada momento. Pero nunca hay que mirar atrás para juzgar a nadie. Debemos comprender que cada uno está actuando lo mejor que sabe desde su nivel de conciencia. Puede ser que nosotros sigamos avanzando y que otros se queden atrás, pero no hay nada de lo que vanagloriarse: en algún momento puede ser que necesitemos a esa persona que quedó rezagada para comprender una lección más en la vida. Estamos juntos en esta gran aventura del Espíritu, y debemos apreciar y valorar todas las interacciones.

17

LOS MENSAJEROS

No nos hallamos solos en nuestra andadura por la Tierra. Estamos protegidos y guiados desde otro plano. A veces nos encontramos con mensajeros que se hacen pasar por seres humanos. Pasan por nuestro lado en un momento dado y se comunican con nosotros de manera verbal o no verbal. Nos aportan algún tipo de mensaje o nos transmiten una información necesaria. En ocasiones la comunicación consiste en algo tan simple como un intercambio de miradas, un guiño de ojos o una sonrisa de complicidad; cualquier cosa puede ser un mensaje importante en ese momento.

En relación con todo esto, me viene a la mente una experiencia singular que viví. Un sábado por la mañana, un señor llamó a la puerta de mi casa. Yo estaba todavía en pijama, pero abrí la puerta. El señor me dijo:

—Hola; no me conoces pero necesito tu ayuda. He venido desde Lérida. Tengo un problema de salud y necesito que me des el toque zen.

En ese momento, como estaba recién levantada, pensé que debía de ser un alumno o un «paciente»... Como ayudaba a muchas personas en muchos sitios, en aquel entonces fácilmente daba mis datos de contacto a todo el mundo. Pasaba consulta en casa, de modo que esta era un lugar abierto para la gente.

Sea como sea, me sorprendió la llegada de ese hombre a esas horas. Se disculpó por presentarse en ese momento, pero me aseguró que tenía una urgencia. No recuerdo cuál era su problema, pero le invité a sentarse, y le hice el toque zen. En cinco o diez minutos ya había terminado, y me dijo:

—Bueno, ya te dejo disfrutar de tu sábado.

Le pedí que la próxima vez que fuera a venir me avisara de antemano, para que pudiera estar presentable. Me miró y replicó:

—No será necesario; no te preocupes. Ya estoy bien.

Antes de salir por la puerta, dejó en la mesa una pequeña cantidad de dinero. No quise aceptarlo; le dije que no lo necesitaba y que los toques zen siempre tienen que hacerse gratis. Así pues, le pedí que se llevase ese dinero. Pero se negó, y añadió:

—Lo vas a necesitar.

Puesto que insistió, ahí se quedó el dinero. Pensé que serviría para ayudar a alguien, o que lo daría para la caridad... Me llamó la atención el hecho de que no era una cantidad redonda, «fácil», como puede ser un billete de diez o veinte euros. Dejó dieciocho euros.

En aquel entonces, yo tenía una infección en las vías respiratorias. Estaba tomando productos de medicina ortomolecular y me estaba imponiendo las manos, pero el problema no acababa de resolverse. Unos días antes había hablado con mi maestro, que estaba de viaje. Me había dicho que, cuando pudiera, buscara una determinada piedra verde, un mineral que, me explicó, no era de este mundo pero tenía propiedades sanadoras. Objeté que hay muchos tipos de piedras verdes y que no las conozco, pero me respondió:

—Tú tranquila; ve a visitar tiendas de piedras. Vas a reconocer la piedra cuando la veas.

Recordé una calle de Barcelona, la calle del Call, donde se podían comprar piedras y joyas de ese tipo al por mayor o al detalle. Y el mismo día en que recibí la visita de ese hombre salí por allí a mirar los escaparates. Las veía de todo tipo, y no había ninguna que me llamase la atención. Necesitaba un dato que me permitiese reconocerla... Tras mirar muchos escaparates, finalmente llegué a uno en que vi una piedra verde en forma de bola. Era una bola pequeña, que cabría dentro de un puño. Estaba ahí expuesta, y justo debajo ponía: «18 euros». Fue ver ese número y la bola verde, diferente de todas las demás piedras verdes que había visto, lo que en ese momento me permitió hacer la conexión con el alma. Lo relacioné con la visita de esa persona en circunstancias tan extrañas, que había dejado justo esa cantidad de dinero en la mesa de mi salón. Nunca más he vuelto a saber nada de ese señor, del que ni siquiera sé cómo se llama.

Esa persona apareció y desapareció, pero propició la situación que me hizo tener la absoluta certeza de haber dado con la piedra adecuada. Compré la bola, pero los dieciocho euros los di para caridad. Cuando se lo conté todo al maestro, me dijo:

—Es correcto, es perfecto. Has podido seguir las señales. Tú has venido a aprender por tu propia cuenta. No necesitas que nadie te diga lo que tienes que hacer, porque has elegido el camino de la automaestría, del autoaprendizaje. No te sirve que nadie te diga «tienes que hacer esto y esto»; debes descubrirlo por tu cuenta. Esto es lo que te hace evolucionar y avanzar, y lo que te da seguridad.

Y me propuse seguir así.

En cuanto a la bola, tenía que sumergirla en agua hirviendo, luego desechar el agua y mantener la bola caliente en las palmas de las manos, cerrándolas a su alrededor. Esa vibración se transmitía a mis pulmones... En dos días estaba curada. Así pues, era una bola medicinal, multidimensional o de otro planeta; ¿qué sé yo? El maestro me dijo que pertenecía a un meteorito que chocó con la Tierra, de modo que no era un mineral propio del planeta.

La bola siguió luego prestando su servicio. Se la regalé a un señor que tenía una enfermedad pulmonar y le dije que cuando ya no le hiciera falta la pasase a otras personas que pudieran necesitarla. En cuanto a mí, si en otra ocasión la necesitara, sabría cómo encontrarla. Pues sé que estoy siendo guiada desde mi propia alma, desde mi Ser superior, de modo que cuando me hace falta algo, me llega en el momento preciso.

18

INCONVENIENTES QUE SON LECCIONES

Las sincronías que impulsan nuestro camino no siempre son felices. Esto no quiere decir que algo esté mal. De hecho, cada inconveniente constituye una nueva oportunidad, que debemos saber ver y aprovechar.

Hace unos pocos años, me caí en la pista de hielo a la que había ido a patinar con mi hija. Las dos recibíamos clases de patinaje, dos veces por semana. Acababa de concluir el verano y llevábamos cuatro meses sin pisar la pista, y el episodio tuvo lugar el primer día en que regresábamos a las clases.

Nada más poner el pie en el hielo encontré a una de mis compañeras de clase. Estaba con los patines recién puestos, tanteando el hielo para retomar el contacto después de todos esos meses sin patinar, y en un segundo de despiste me caí y me rompí el cuello del fémur.

Me llevaron directamente al hospital, y escasas horas después de la caída ya estaba dentro del quirófano. Después de la operación me dejaron en observación en la UCI, donde estuve desde las doce de la noche hasta la mañana siguiente, viendo, sintiendo, escuchando absolutamente todo. Había otros pacientes ahí conmigo y también, en la otra dimensión, las personas que habían fallecido ahí, de modo que me mantuve alerta y dispuesta a ayudar. En varias ocasiones la enfermera se acercó para preguntarme si quería algún tipo de medicación para dormir, porque me veía despierta y atenta, con los ojos como platos. Le dije que no, que me encontraba bien. La verdad es que no estaba sufriendo y quería aprovechar para vivir esa experiencia de contacto multidimensional.

Justo después de la caída, me apliqué enseguida lo que llamamos el toque zen de emergencia, y en ningún momento experimenté dolor. Lo curioso fue que la doctora que me exploró en el hospital creyó que debía de tener un esguince. Después de explorarme y doblarme la pierna arriba y abajo, y abrirla y cerrarla, me dijo que no me había hecho nada; solo cuando trajo la radiografía exclamó, llevándose las manos a la cabeza:

—¡Dios mío!, tienes la cadera rota y te tenemos que operar de urgencia.

Yo la consolé a ella y no al revés:

—No pasa nada –le dije–; esto está hecho enseguida.

A raíz de esa rotura de cadera, mi vida se transformó, porque me llevó a vivir unas nuevas circunstancias. Obviamente, ahora tenía unas limitaciones físicas, y ya no podía llevar el mismo tipo de vida que antes. Mi hija se había quedado en la pista de hielo, así que tuve que gastar los últimos minutos de batería del teléfono móvil para reorganizar mi vida, arreglarlo para que alguien se quedase al cuidado de mi hija y atender otros asuntos necesarios. Pero todo es siempre perfecto, aunque no lo parezca. Si se vive desde la calma y la aceptación, todo está exactamente en su sitio.

Lo curioso fue que, unos meses atrás, una mujer china que era experta en Feng shui y en I Ching me vino a visitar de la mano de una amiga y me quiso regalar un estudio del piso donde nos habíamos trasladado mi hija y yo. Después de realizar su análisis de la casa en cuanto al Feng shui, se ofreció a hacernos una lectura de I Ching a mí y a mi hija, en la que salió que ese año me iban a tener que operar de la pierna. Le pregunté de cuál de las dos, y sin pensarlo me dijo:

—La izquierda.

Realmente, el I Ching es algo tan sofisticado que puede proporcionar una información extraordinariamente precisa. Muchos años atrás, mi maestro ya me había hablado de esta cualidad, siempre que la lectura fuera llevada a cabo por alguien experimentado.

Así pues, en el momento de romperme la cadera, lo primero que pensé fue que eso estaba en el programa. Por eso, en ese momento tuve la total y absoluta confianza de que todo iba a ir bien. Era algo que yo misma había elegido con algún propósito. De hecho, hacía mucho tiempo que la gente me pedía que escribiese mis experiencias con la alimentación consciente; les respondía que aún no era el momento, que no tenía tiempo, que me daba pereza, que no sabía cómo unir toda esa información, que me aburría un poco la idea, que tenía otras cosas que atender... Lo iba demorando poniendo cualquier excusa, pero muy en el fondo sabía que realmente debía plasmar esa información en un libro, que iba a ser útil para mucha gente. Debía hacerlo lo más sencillo posible, para que fuera una herramienta práctica y al alcance de todos. Y como yo no me daba el tiempo para escribir el libro (que titulé *Alimentación consciente*), el universo me lo regaló.

Así pues, uno tiene que tener mucho cuidado con lo que dice. A raíz de esa experiencia, cuando posteriormente me sugirieron escribir el libro *Menús conscientes*, mi respuesta inmediata fue:

—¡Sacaré el tiempo de donde sea; lo escribiré!

Por boca de otra persona o de la manera que sea, las señales siempre llegan en el momento justo. El universo empuja diciendo: «Te toca hacer esto», y tú debes tomar nota y actuar, porque ha llegado el momento. Si no lo haces, ya ves lo que puede ocurrir...

Tengo que confesar que me sentí como una reina en el hospital. Dispuse de una habitación para mí sola, que tenía sofá, un sillón, televisor y un baño propio. Se trataba de un hospital moderno, que estaba al lado de la pista de hielo. Aunque la habitación era doble, no pusieron a nadie más esos días, así que estuve muy bien. A las treinta y seis horas el médico me quiso dar el alta. Me dijo:

—Estás perfecta; todo evoluciona genial, todo se ha normalizado y ya te podemos mandar a casa.

Mi reacción fue:

—¡No, todavía no!

Era un viernes por la mañana. El médico me preguntó, sorprendido:

—¿Y cuándo quieres volver a casa?

—Mira, como todos mis amigos están ocupados y es fin de semana, déjame estar aquí hasta el lunes.

—De acuerdo; ¿a qué hora te quieres marchar el lunes?

—Pues hacia el mediodía estará bien.

Y se lo apuntó. Cuando se lo conté a mis amigos, se quedaron boquiabiertos:

—¡Como si estuvieras en un hotel! —exclamaron.

Necesitaba permanecer ahí esos días. Estaba atendida y no tenía que preocuparme por nada ni por nadie —mi hija estaba en buenas manos—. Así que continué viviendo mis experiencias con los trabajadores del hospital, experiencias de cambio. Acababa de publicar mi libro *Atrévete a ser tu maestro*, y terminé regalando los ejemplares que tenía a toda la gente que pasaba por allí (a las enfermeras, a los médicos, a los amigos que se acercaban). Me sentía feliz de poder compartirlo. Hasta que llegó el momento de regresar a casa.

* * *

Cuando una persona sufre de pronto un accidente o una enfermedad, descubre perfectamente quiénes son sus amigos. Y esto es un regalo. Porque todo el mundo te quiere cuando las cosas van bien, pero cuando tienen que dar su tiempo, o hacer un autosacrificio, o realizar un esfuerzo, o ayudarte —a veces con cosas un poco duras o complicadas—, es en ese momento cuando sabes quién está contigo, quién es realmente tu amigo, quién permanece a tu lado. Porque el tiempo es uno de los mayores regalos que se le puede dar a una persona necesitada. Ese regalo nunca se olvida. Cuando esa persona se encuentra a tu lado, te da la mano y te ayuda en tus momentos más difíciles, está en tu alma, está en tu corazón el resto de tu vida. Aunque su presencia fuese momentánea, estuvo cuando más la necesitabas. Así que la incondicionalidad de la amistad flota en la superficie como el aceite en el agua, justo en los momentos difíciles de la vida. Para mí fue una gran lección de vida descubrir quién estaba ahí realmente y quién estaba por interés; quién daba su amor, su cariño y su ayuda incondicionalmente.

* * *

En los dos meses en que permanecí en casa aproveché para escribir *Alimentación consciente*. Estaba muy tranquila, viviendo todo el proceso. Pasé de la silla de ruedas a ir con dos muletas, luego con una sola. Atendía las visitas y los amigos me acompañaban al hospital o me traían la compra a casa.

Mi hija tuvo que adaptarse a mis nuevas circunstancias; esto también fue una lección de vida para ella. Su mami ya no podía ir a patinar, ni salir de paseo con ella de la misma forma que antes. Eso sí, le consentía que me llevase en la silla de ruedas, cosa que se convirtió para ella en una diversión, como os podéis imaginar. Y la utilizaba por casa para sentir lo que sienten los demás cuando necesitan una silla de ruedas. Todo es aprendizaje.

19

LA IMPORTANCIA DE MIRARNOS

Cuando uno va en silla de ruedas, cambia toda su perspectiva de la vida. Es muy curioso. Empiezan a producirse otras conexiones, otras percepciones. En mi caso, una de las cosas que me llamaron mucho la atención fue la conexión que tenía de repente con los niños que iban en cochecito de paseo con sus padres.

En muchas ocasiones iba por el hospital o por la calle con la silla de ruedas y un niño se me acercaba y me miraba con cara de sorpresa, pensando: «¡Qué niña más grande en un cochecito de paseo!». Yo estaba a una altura muy similar a la suya y como ellos son abiertos como los libros, expresivos y espontáneos, si guiñaba el ojo, si levantaba la mano, si saludaba, si sonreía, me miraban como queriendo participar del juego y se creaba una complicidad entre nosotros. No me importaban las reacciones de cualquier persona adulta que estuviese alrededor. Disfrutaba de ese intercambio en el que no hacía falta ningún tipo de comunicación verbal; éramos almas puras entregadas al presente, disfrutando de un momento de reconocimiento, como diciéndonos: «¡Guau!, ¡hola!, ¿qué tal?, ¿cómo te va la vida?». A veces un niño con cara de sueño abría los ojos y me daba alegría ver su expresión. A veces, cuando podía estar cerca de ellos, les decía:

—Oye, ¿tú qué has venido a hacer a esta vida?

Abrían los ojos e intentaban hablar a su manera y yo, asintiendo con la cabeza, les decía:

—Vale, vale, que seas muy feliz; continúa.

Los adultos miraban como diciendo: «¡Ay!, menuda loca; pobrecita, ahí en la silla de ruedas...». Eso también me llamaba la atención: cómo te mira la gente cuando vas en silla de ruedas. Lo que más me habría apetecido en esos momentos habría sido que alguien se hubiera acercado y me hubiera preguntado. Pero no; optaban por cuchichear con el de al lado: «Pobrecita señora, ¿qué le habrá pasado?». Porque como no me veían enferma, como no me veían con una escayola, ni con ningún problema aparente, empezaban a sacar sus propias conclusiones. Si uno tiene tanta curiosidad, lo más fácil es que pregunte: «Oye, ¿qué te ha pasado?», con total y absoluta naturalidad.

Esto me hacía pensar en las personas que necesitan ir siempre en silla de ruedas: ¿cómo sienten y cómo reaccionan en esas situaciones con las personas que están a una mayor altura? Porque cuando estás en la silla de ruedas, solo ves los traseros, las bolsas de la compra, las barrigas... No estás todo el rato con la cabeza inclinada hacia arriba cargando las cervicales, porque es muy incómodo; tu modo de observar el mundo es ver lo que tienes delante de los ojos.

A partir de esa experiencia sé comunicarme mejor cuando tengo a alguien delante en silla de ruedas; he aprendido a agacharme, a ponerme a su altura. Hago lo mismo con los niños: si tengo que decirle algo a un niño, me agacho; me acerco de esa manera para que sea fácil el contacto de tú a tú. Porque al mirar a una persona a los ojos observas, visualizas, sientes su alma. Si le estás hablando a alguien mirándole a los ojos y desvía la mirada enseguida, eso indica que no quiere revelar su alma; no desea que veas lo que hay en su mente. Si quieres esconder algo, lo primero que haces es bajar o desviar la mirada. Pero cuando miras a una persona directamente a los ojos y le hablas de forma sentida, estás haciendo una conexión de alma a alma. En ese momento sientes lo que es la esencia del ser humano: el amor.

* * *

Ese es un aspecto que los seres humanos están aprendiendo a valorar en los otros seres humanos: vivir y sentir el amor a través de los ojos. Una mirada lánguida, una mirada penetrante, una mirada de más de un segundo, un cruce de miradas, una miradita de reojo, de «ya te he visto», y dejar ver que has mirado a esa persona, es toda una forma de comunicación no verbal. Puedes practicarlo también con los animales: cuando miras a un gato, o a un perro, no parpadea; te mira fijamente. Lo mismo ocurre cuando miras a un bebé: te mira con unos ojos enormes, gigantes; no parpadea, y eres tú el que tiene que retirar la mirada, porque no puedes aguantarla.

En relación con las miradas, tuve una experiencia cuando impartí los cursos zen en la cárcel de Villena, en diciembre de 2013. Después de los dos niveles del curso zen hice una tercera visita para compartir experiencias con los internos, para ver qué tal llevaban su práctica (sus meditaciones, su respiración consciente, la imposición de manos), cómo tenían el sistema nervioso, qué cambios habían experimentado a raíz de asistir al curso. E hice un experimento con ellos, un experimento muy enriquecedor, con un resultado muy sorprendente.

Los invité a que se pusiesen por parejas y pasaran un rato uno frente al otro mirándose a los ojos, sin decir nada, sin ningún tipo de comunicación verbal ni de contacto físico. Todo lo que tenían que hacer era dejarse ir, penetrar con la mirada y sentir.

Unos aguantaron más que otros; a algunos les dio la risa al final, pero varias parejas estuvieron así mucho rato y terminaron abrazándose, llorando. Habían conseguido transmitir esas emociones que tenían guardadas y que, por la circunstancia de estar en un lugar como la cárcel, no se atrevían a expresar. Para ellos fue una gran liberación y para nosotros –los colaboradores que vinieron conmigo y yo también hicimos la práctica–, una gran lección.

La respuesta de los internos fue variopinta: sintieron amor, pena, rabia u odio; experimentaron muchos tipos de emociones. Algunos sintieron que la persona que tenían delante había sido su padre, su madre, su pareja... Empezaron a tener experiencias multidimensionales y por eso algunos se fusionaron con efusividad en un abrazo largo y sentido, y lloraron, en una expresión que era del alma.

Esta es una manera más de poder conectar: conectar con tu alma, sentirte, darte permiso, abrirte a esa experiencia para luego conectar con el alma de otra persona. Cuando los dos seres se abren, solo puede existir el amor, la aceptación, la grandiosidad del ser humano. Así es como deberíamos empezar a vivir: dándonos permiso para mirarnos a los ojos.

En la cárcel nos dimos cuenta de que más que enseñar íbamos a aprender. Los internos disfrutaban de tiempo para ellos; tiempo para meditar, para reflexionar, para hacer las respiraciones con conciencia, para calmar su sistema nervioso. Disponían de tiempo de aplicar incluso la práctica a sus compañeros y algunos trabajadores. No tenían la excusa de no poder hacerlo por falta de tiempo; tenían más que nadie.

En realidad los internos eligieron, de alguna manera, vivir la experiencia de verse privados de su libertad. Pero a través de su experiencia y de la convivencia con ellos en esos tres fines de semana pude llegar a la conclusión de que la cárcel puede existir fuera de la prisión. Para muchos seres humanos la cárcel es su mente. Las personas que viven atrapadas en su codificación, en su mente, tienen una forma de vivir que les impide ser libres, libres para expresar lo que piensan, para ser ellas mismas. En cambio, vimos que muchas de esas personas de la cárcel, si bien se hallaban privadas de libertad física, estaban reencontrándose; algunas de ellas nos sorprendieron gratamente cuando dijeron que gracias a estar en la cárcel habían encontrado lo que siempre habían estado buscando, a través del curso zen. Afirmaron que si no hubiesen pasado por esa experiencia, jamás en su vida se habrían abierto a asistir a un curso de ese tipo. Habían aprendido las lecciones, habían tomado conciencia de su vida y sabían que una vez fuera esta no iba a ser igual. Incluso animaban a sus familiares y amigos de fuera de la cárcel, en las horas de visita y por carta, a que me buscasen por Internet, viesen mis vídeos y se abriesen a nuevas experiencias.

Esos internos cambiaron su percepción de la vida y su actitud ante ella. Esto repercutía en que les daban la libertad de forma anticipada, o en que de repente empezaban a tener permisos. En el caso de uno de los internos, su larga sentencia terminó justo antes de que impartiésemos el segundo nivel y pidió una prórroga de la condena, para continuar en la cárcel y poder realizar el curso. Se la denegaron y tuvo que buscarnos fuera de la prisión; nos lo encontramos en un curso en Alicante.

Otros internos rechazaron atender a sus visitas mensuales porque coincidían con el curso de segundo nivel o con el fin de semana del reencuentro. Sentían que necesitaban tener ese intercambio con sus compañeros de clase y con mis compañeros zen, porque dicho intercambio los enriquecía.

Así que la experiencia de la cárcel fue un aprendizaje para todos, un compartir. También nos reímos mucho. Como despedida les regalé a cada uno un ejemplar del libro *El reset colectivo*. Algunos de ellos no sabían ni siquiera leer, porque estaban en la cárcel desde muy temprana edad. Uno de los internos dijo que se quería quedar con su ejemplar del libro firmado por mí de todos modos, para que mi foto le hiciese compañía en la mesita de noche. Apenas acabó de decir esto, otro interno, que estaba detrás de él, le dijo:

—No te preocupes, que yo te lo voy a leer en voz alta.

Fue un gesto hermosísimo.

En definitiva, valoro muchísimo la experiencia que tuve en la cárcel, y estaré siempre abierta a colaborar con cualquier institución que pida que le aportemos los cursos zen.

Segunda parte

REFERENTES DE CONEXIÓN

20

DEL CONOCIMIENTO A LA SABIDURÍA

Cuando la persona va creciendo y se convierte en adulta, pierde la información y el recuerdo de quién es realmente. Desde su estado de conciencia actual, se desconecta de su alma, se distancia de esos recuerdos, y no puede acceder a esa información. A causa de la rutina y las distracciones, así como debido a su convivencia con otros seres humanos desconectados y distraídos, se pierde en la experiencia de su vivencia aquí en la Tierra.

Nuestra referencia siempre tienen que ser individuos que nos puedan inspirar. Entre ellos, quiero destacar dos tipos de personas. Por una parte, aquellas que viven en un estado natural de inocencia, sea por su corta edad (en el caso de los niños pequeños), por tener un determinado tipo de trastorno mental o, incluso, porque llegan a la vejez y recuperan en cierto sentido la inocencia de la infancia. Por otra parte, están aquellas personas que, hallándose en plena adultez, han realizado un trabajo consigo mismas que las convierte en un referente para nuestro crecimiento. En ocasiones muestran tal calado evolutivo que las tomamos explícitamente, aunque solo sea durante un tiempo, como nuestros maestros.

En definitiva, se trata de personas que de algún modo nos llaman la atención y nos despiertan una inquietud o curiosidad acerca de aquello que hace que sean más o menos diferentes. Si accedemos a nuestro silencio interior y sabemos que, en ese momento, pueden ser maestras para nosotros, salimos del modo ego en que acostumbra a vivir el ser humano. El ser humano que vive en modo ego cree que lo sabe todo; cree que tiene mucho acumulado en cuanto a conocimientos en su cabeza, en su memoria física, en su *software*, pero desconoce cómo acceder a su disco duro, a su *hardware*, que es donde reside la sabiduría, aquella que le permite saber lo que necesita saber cuando necesita saberlo.

Para pasar del conocimiento a la sabiduría, se necesita tener la humildad de desandar el camino del conocimiento, de desaprender. En este sentido, los niños son grandes maestros, porque aún están conectados con su sabiduría innata. Por eso de vez en cuando nos sueltan una frase magistral que nos deja con la boca abierta. Es como si hubiesen leído un texto espiritual de mucha sabiduría; desde su inocencia, les sale de manera natural.

Iniciaré pues este recorrido hablando de los niños, y me detendré muy especialmente en mi hija, Joanna, por haberme proporcionado experiencias tan directas y por constituir un ejemplo muy claro de conexión con el alma. Ello me permitirá, también, tratar los temas de la concepción, el embarazo y la crianza conscientes, las grandes áreas en las que, como padres, se expresa el vínculo con nuestros hijos.

Pero muchos somos, además de padres, también hijos. ¿Qué conexión podemos fomentar, como hijos, con nuestros padres? Hablaré del caso de la grave enfermedad de mi madre y de la conexión que ello propició entre nosotras. A la vez, pondré ejemplos de conexión con el alma en la tercera edad. Veremos también cómo estados de la mente en los que hay mucha menos prevalencia del intelecto facilitan esa conexión.

En cuanto a los adultos que han ejercido una mayor influencia en mi camino de conciencia, expliqué ya el caso de la profesora Kathleen McQuaid, que fomentó en mí el interés y el respeto por los talentos de cada cual, así como una forma de comunicación didáctica y atractiva. Pasado un tiempo, recibí la enorme influencia de mi maestro, durante varios años, y finalmente la de un maestro misterioso, Panchito, al que apodé «el señor de la montaña». Gracias a lo vivido con él comprendí el significado del «despertar».

21

PEQUEÑOS GRANDES MAESTROS

Los niños pequeños te miran sin parpadear, te escanean el alma y te dejan sin aliento, todo ello en escasos segundos. No tienen ningún problema a la hora de identificar sus talentos naturales. Pregúntale a un niño qué es lo que sabe hacer mejor que nadie en este mundo, y te contestará sin pensar: «jugar», «ser feliz», «dar amor», «abrazar a mis padres», «bailar», «cantar»... ¡Sí!, todas esas cosas que hacemos en ese otro maravilloso lugar que está fuera de la Tierra. Los niños todavía conservan ese recuerdo, e intentan que los adultos vuelvan a tenerlo. Han bajado a despertarnos (si se lo permitimos). Nos hacen salir de la rutina, aunque solo sea durante esos preciosos momentos que nos roban con cara de pillines y que nos dejan embobados por segundos.

Realmente son los niños los que nos hacen de maestros para que logremos bajar el cielo a la Tierra. Son nuestros angelitos de carne y hueso; un regalo divino. Nos enseñan a practicar el amor incondicional. Realmente lo ideal sería aprender a ser más como ellos en vez de enseñarles a ser como nosotros. Ellos conectan fácilmente con el alma; es algo espontáneo e innato en su comportamiento.

Joanna, mi hija, que cuenta ahora con trece años *y medio*, como insiste en afirmar, ha ejercido una influencia enorme en mi vida y seguirá haciéndolo durante mucho tiempo. Me gustaría compartir contigo algunas historias inspiradoras, exponentes de su conexión.

Desde muy temprana edad, Joanna ya mostró capacidades especiales. Recuerdo que una mañana entré en su habitación. Ella estaba sentada al pie de la cama y había puesto todas sus muñecas en la parte de la almohada (le gustaba jugar sola en casa con sus muñecas). Pero cuando volví a entrar en la habitación, vi las muñecas pero ella no estaba. Corrí por la casa buscándola, algo que hice pronto, porque el piso era muy pequeño, de cincuenta metros cuadrados. Pero Joanna no aparecía. No podía estar muy lejos, así que abrí los armarios, miré debajo de la cama, fui al baño, al salón... Pensaba que estaba jugando conmigo. Regresé pronto a su habitación (después de unos treinta segundos) y me la encontré sentada al pie de la cama en posición de loto. Abrió los ojos, como si acabase de regresar de un profundo sueño, y dijo:

—¡Hola, mami!

¡Como si no hubiera pasado nada! En cualquier caso, no había transcurrido suficiente tiempo para que hubiese podido salir de su escondite y situarse en esa postura al pie de la cama. Me quedé mirándola y ella me miró con cara de decirme «hola», sin más. La experiencia fue preciosa, porque me di cuenta de que realmente se había ido a otro nivel, fuera de lo que es la vibración de la tercera dimensión. Había elevado su frecuencia y se había desmaterializado. No me pudo dar ningún tipo de explicación y yo tampoco le di mayor importancia, pero tomé buena nota de lo acontecido.

* * *

Una de las mayores experiencias, que ya he contado varias veces, es la que tuvo lugar en el parque del barrio. Joanna tenía dos años y medio y estaba jugando con otros niños a la sombra de un gran platanero; mientras tanto, yo estaba charlando con los otros padres, que también estaban pendientes de sus hijos. Acababa de indicarle a Joanna que era hora de ir a casa, pero ella se había negado, mostrándose muy categórica. De repente, se acercó una señora y me dijo:

—¡Mire, señora; mire lo que está haciendo su hija!

La escena que se ofreció ante mis ojos fue la de Joanna quitándoles los juguetes a los niños y lanzándolos fuera de la zona de juego. Había diez o doce niños jugando allí, todos pequeños como ella. Los niños se levantaban para ir a buscar sus juguetes, protestando y llorando. Aquello me sorprendió muchísimo pero no actué; solo observé. Cuando ya había lanzado el último juguete del último niño, Joanna vino hacia mí y en ese justo momento el árbol, literalmente, se dobló, se partió y se cayó. No tocó ni rozó a nadie que estuviera por ahí cerca; todos los niños estaban fuera del alcance de las ramas y las hojas del árbol, porque se habían alejado lo suficiente al ir en busca de sus juguetes. Al llegar donde yo estaba, Joanna dijo:

—Vale, mami; ahora sí que podemos ir a casa.

La agarré de la mano y nos fuimos, sin mediar palabra. Al llegar a casa llamé a mi maestro y le conté lo ocurrido.

—¿Por qué te sorprendes? –me dijo–. Ella ya sabía que el árbol se iba a caer.

De alguna manera Joanna había estado presente, atenta, y se le facilitó esa información. Y actuó como mejor supo. ¿Imagináis la secuencia lógica alternativa? Ella me habría dicho: «Mamá, se va a caer el árbol», y ahí habría entrado mi mente. Habría mirado el árbol y lo habría visto resistente y recto, y habría empezado mi debate mental: «Mi hija ha dicho esto; por si acaso, ¿lo digo o no lo digo?», «¿Me van a creer o no me van a creer?», «Aunque lo diga, ¿me van a hacer caso o no me van a hacer caso?», «Si Joanna se equivoca y el árbol no se cae, esto nos va a desacreditar; se van a reír de nosotras»... Estas son reacciones a partir del conocimiento; son las que tenemos cuando estamos en el modo ego. En cambio, cuando estamos conectados con el alma, no actuamos con conocimiento, sino con sabiduría. Lo más fácil era quitar los juguetes a los niños y alejarlos del peligro. De alguna forma, la conexión que tenía Joanna no solo con su propia alma sino también con las de esos niños, o con sus ángeles de la guarda, brindó la fórmula más efectiva.

Obviamente, fue una gran lección, y la impartió un ser de dos años y medio...

* * *

Algo que hacía mucho Joanna de pequeña era elegir a un niño, llevárselo aparte y hablar con él durante un buen rato. Eran como sesiones privadas, que tenían lugar lejos de donde estaban el resto de los niños. Un día fuimos a un parque con un amigo y sus hijas, y Joanna tuvo una de esas sesiones privadas con una de ellas. Por la noche el padre me llamó y me dijo:

—¿Te lo vas a creer? Mira todo lo que ha estado hablando tu hija con mi hija. Le ha contado cómo conectar con su ángel de la guarda; le ha explicado cómo lo hace ella y le ha dicho: «Mi ángel de la guarda ha hablado con el tuyo y tu ángel de la guarda ha dicho que quiere comunicarse contigo. Yo te explico cómo puedes conectarte con tu ángel, para que pueda darte una información o explicarte lo que tenga que explicarte».

Pensé: «¡Caramba, de eso van sus conversaciones de las sesiones privadas en los parques!». Es curioso que a mí no me lo contara. Yo no necesitaba saberlo, porque formaba parte de su camino, su experiencia, lo que ella venía a transmitir a otras almas. Me hizo mucha gracia pero también me inspiró mucha ternura. Me daba cuenta de que yo realmente no sabía nada y tenía mucho que aprender de ella.

La empecé a sentir y a considerar como una gran maestra, que a la vez me obligaba a practicar la humildad estando en su presencia.

* * *

Recuerdo una ocasión en que íbamos en el metro, contando Joanna tres o cuatro años de edad. Delante de nosotras se sentó una señora que acababa de subirse, en la estación del hospital Vall d'Hebron. Joanna, con toda su inocencia, señaló a la señora y dijo:

—¡Mira, mamá, tiene un bebé en la barriga, y es una niña!

La mujer se puso la mano en la barriga y dijo:

—¡Caramba!, ¡si vengo ahora mismo del hospital de hacerme la prueba del embarazo y me acaban de confirmar que estoy embarazada!

Las dos le sonreímos, y agregué:

—Bueno, ¡pues ya sabes lo que llevas!

En ese momento me quedé absolutamente alucinada al ver lo que podía hacer mi hija.

En otra ocasión íbamos bajando por la calle y cuando estábamos a punto de entrar en casa, pasamos por delante de una señora que tenía una barriga de unos seis o siete meses. Joanna anunció el sexo del feto y la señora nos miró como diciendo: «Cómo lo sabe la niña, ¿eh?, ¡cómo lo sabe!».

* * *

Una de las experiencias más sorprendentes que tuve con Joanna aconteció en las Navidades de 2013. Llovía y las dos estábamos muy a gusto en casa, sin ganas de salir. No teníamos ningún plan festivo, pero por ser el día de Navidad decidimos hacer algo un poquito especial.

Cuando el mundo está de celebración, baja el nivel de conciencia general. Hay mucha más distracción y esto hace que la Tierra goce de mucha menos estabilidad. Por eso en el día de Navidad, en el fin de año, en los carnavales, en el fin de año chino (en definitiva, cuando hay grandes celebraciones), el planeta queda desprotegido. En cambio, cuando el ser humano está en conciencia y medita, su campo magnético se expande y protege a la Tierra. La conciencia colectiva eleva la vibración del planeta. Si la población está consciente, se pueden evitar ciertos peligros, o reducir los daños, de episodios de violencia o sucesos naturales, como terremotos, tsunamis, huracanes, etcétera. Sabiendo eso, Joanna y yo decidimos hacer una meditación especial. Preparamos nuestro cuenco tibetano, encendimos una vela, pusimos las fotos de nuestros seres queridos (para hacerlo un poco más especial), nos sentamos en el sofá y nos preparamos para meditar.

La sorpresa vino cuando yo ya estaba en meditación. Mi hija salió de su cuerpo espontáneamente y se encontró de pie delante de mí, mirándome, señalándome con las manos, diciéndome:

—Mamá, si estoy aquí, ¿qué hago aquí fuera y a la vez allí, sentada en el sofá?

Estaba viviendo, de un modo consciente, un viaje astral que no había planificado; sencillamente le ocurrió, de forma natural y espontánea. Después de haberlo vivido todo, me comentó que había aparecido un señor mayor que le mostró la pared y la invitó a traspasarla. Ella, mirando con sorpresa, le dijo:

—¡Pero si es una pared!

Y él replicó:

—Atraviésala con la mano; verás como puedes.

Como si se tratase de una película de dibujos animados, hizo lo que él le pidió y comprobó que, efectivamente, podía atravesar la pared. Vio un portal multidimensional delante de ella, que traspasó para encontrarse en un lugar especial, donde vivió una experiencia. Cuando regresó, el señor le indicó que en esta ocasión saliera al balcón, a través del cual accedió a otro portal multidimensional. Tuvo su experiencia también en ese otro lugar y regresó. Cuando entró en el salón, el señor mayor le indicó que se reincorporase rápidamente a su cuerpo, porque su madre estaba a punto de volver.

Tan pronto como abrí los ojos, se levantó con efusividad y dijo:

—¡Ha sido increíble, mamá!; luego te lo cuento. Tengo que escribirlo todo para no olvidarme de ningún detalle.

Regresó al cabo de unos cinco o diez minutos con unas hojas llenas de texto, más algunos dibujos. Me lo explicó todo: tenía que seguir una serie de pautas para cuidar su cuerpo físico y su alimentación. Debía tener en cuenta sus ejercicios y apreciar, valorar, cuidar y mimar su cuerpo físico, pues estaba viviendo una vida como ser humano y ello requería que atendiese a su cuerpo. Fue una experiencia preciosa.

Al día siguiente fue ella quien se apresuró a invitarme:

—¡Mamá, vamos a hacerlo otra vez!

Nos sentamos de nuevo, pero esta vez, cuando con gran ilusión hizo el gesto de levantarse para salir del cuerpo, de repente notó como si una mano se colocara encima de su pecho, como diciendo: «¡Eh! ¡Hoy no toca!», e hizo una meditación normal, como siempre había hecho desde pequeña. Cuando salimos de la meditación, me miró y expresó cierto disgusto por no haber podido abandonar el cuerpo. Le dije:

—¿Cuál es la lección? Esto es para que no tengas ambición. No se trata de un juego; no hay que ambicionar nada. Lo de ayer fue simplemente un regalo y un recuerdo de que tienes una capacidad natural que vas a necesitar utilizar algún día, en el futuro. Ahora ya sabes que lo puedes hacer, pero tiene que ser siempre con un propósito. En este caso no tocaba, así que hay que ser humilde y dar las gracias por la experiencia de ayer y también por la experiencia de hoy. Sencillamente, es lo que te ha tocado experimentar en aras de tu evolución.

* * *

En otra ocasión más reciente estábamos las dos en el mismo sofá. Yo me estaba quedando dormida y me tumbé, y ella se quedó viendo una película. De repente me miró la cadera, del lado donde había sido operada. Explicó que tuvo la visión de que allí se abría como un agujero negro y pudo ver la carne, que luego se fue separando, hasta que distinguió finalmente la articulación con los tres tornillos que me habían puesto. Quedó impresionada. Pudo inclinarse y mirar dentro de mi pierna, y luego la imagen fue cerrándose. Después, cuando desperté, me lo contó todo. Le dije, en broma:

—¡Podías haber metido la mano, haberme sacado los tornillos y haberme sanado la cadera, para que no tenga que volverme a operar!

Sigo preguntándome por qué ha tenido esa experiencia, qué significa para ella haber visto el interior de mi pierna. De pequeña, podía ver dentro del ser humano; era algo natural para ella. Un día, saliendo del colegio, me contó que habían estado aprendiendo sobre el cuerpo humano; me miró con curiosidad y me dijo:

—¡Ah, mira!, eso debe de ser tu hígado. Y esos órganos deben de ser tus riñones. ¡Y ahí está el colon!

Fue señalando sobre mi cuerpo y pensé que seguramente tenían un maniquí o equivalente en el colegio para poder aprender. Una vez en casa, le pregunté:

—¿Dónde están mis riñones?

—Mira, ahí dentro. ¿No los ves?

—Pero ¿tú estás viendo dentro de mi cuerpo?

—Claro que sí; ¿cómo crees, si no, que puedo ver los bebés en la barriga de sus mamás? Ahora sabes por qué sé si son niños o niñas.

A continuación hizo un gesto como de «bueno, olvida eso».

* * *

Recientemente impartí en Querétaro (México) el primer nivel del curso zen. El segundo día de clase, una mujer joven nos contó que cuando volvió a casa el día anterior, después de clase, su hija de ocho años la estaba esperando. Era bastante tarde, las once u once y media de la noche. Su hija estaba levantada; la agarró de la mano, la llevó a la habitación y le dijo:

—Esta noche voy a tumbarme contigo. Quiero que sepas que llevo mucho tiempo esperándote. Ahora sí que puedo hablarte de todas mis cosas, de mis experiencias.

Y la madre empezó a detallar lo que le había comunicado su hija.

La hija percibió un nuevo estado de conciencia en su madre, una nueva vibración. Sintió que había una nueva apertura en ella, una nueva predisposición, y que ahora iba a poder escuchar y entender lo que necesitaba transmitirle.

Y esto es lo que tenemos que hacer con nuestros hijos: escuchar sus experiencias, en vez de contestarles que son tonterías. Cuando les decimos eso solo les estamos confirmando que nuestro nivel de conciencia no está a la altura, que no estamos receptivos a recibir información de su parte y aprender. Y ellos desempeñan su papel de hijos. Pero cuando nosotros como adultos cambiamos ese nivel de conciencia, cuando cambiamos de vibración, ellos pueden acercarse.

22

CONCEPCIÓN Y EMBARAZO CONSCIENTES

Con este nivel de conexión de los niños con su alma, no hay que tomarse a la ligera la relación con ellos; debemos poner la máxima conciencia, y esto debería empezar desde el mismo momento en que decidimos traerlos a este mundo. Justo entonces se fragua la conexión y puede comenzar nuestro aprendizaje.

Hacía meses que presentía mi embarazo; soñaba muchas veces que estaba encinta. Le pregunté a mi maestro acerca del porqué de esos sueños, y me dijo que muy pronto iba a ser mamá; en sus palabras, «una mamá gorda», con una barriga muy prominente.

De pronto ya no podía viajar con él, como lo había hecho hasta entonces. Sentía una enorme felicidad en el cuerpo. Soñaba con el bebé; incluso lo olía. Soñaba con amamantar a esa criatura. Deseaba intensamente ser madre, con toda mi alma. Mi maestro me dijo que había tenido mucha suerte de quedar embarazada deseándolo tanto y que, si no me hubiese quedado embarazada, mi programa determinaba que algo diferente hubiese crecido dentro de mí.

Así pues, el regalo del bebé fue un tesoro para mí, para mi evolución y mi camino. Era un regalo divino que me había ganado, y quería disfrutarlo.

El día en que me quedé embarazada fue muy especial. Fue un 13 de abril, y el momento exacto de la concepción fue a las 13 horas, 13 minutos y 13 segundos. No estábamos en casa sino de vacaciones de Semana Santa, simplemente descansando. Era Viernes Santo y llovía, de modo que no tenía prisa por levantarme; estaba felizmente abrazada a ese ser especial que estaba a mi lado. Cuando llegó el momento de la concepción consciente, vi los cuatro treces en el reloj digital que teníamos en la habitación. En ese mismo momento supe que estaba embarazada. Además, sentí el cuerpo de una manera absolutamente distinta. Experimenté un gozo indescriptible, una mezcla de risa y llanto, una gran alegría... En definitiva, sentí que ese era el momento de la concepción.

Mi hija me había elegido. ¡Tiene el recuerdo de ello! A los once años empezó a escribir su primer libro, y en él cuenta que, antes de nacer, estaba en un lugar con otros niños y vino el ángel del olvido (así lo llama ella), que les mostró una pantalla blanca con fotografías de mujeres embarazadas. Cuando llegó el turno de Joanna, le dijo:

—Tienes que elegir a una madre.

Joanna expresó que me había elegido a mí porque según ella yo era «especial»; no dio ninguna otra explicación.

Los niños que habían elegido a su madre se ponían en fila y el ángel del olvido pasaba junto a cada uno; colocaba su dedo índice encima de los labios de los niños... excepto en el caso de Joanna; a ella la saltó. De esta manera, Joanna no iba a olvidar su existencia de antes de nacer, contrariamente a los demás niños. Así que puede recordar quién era, de dónde venía y cuál es su propósito en la vida. En un futuro publicará su libro, en el que explica sus experiencias, lo que ella recuerda. Puse en mi blog el comienzo del libro. En los dos últimos años no ha podido dedicarse a él porque está inmersa en la educación y desbordada con las tareas del colegio, de modo que no dispone del mismo tiempo de paz y tranquilidad para recordar y plasmar sus experiencias. Pero ya llegará el momento.

* * *

Joanna también tuvo que ver con lo que ocurrió a continuación; así mismo lo ha reconocido.

El mismo día de la concepción, más tarde, fuimos a pasear por la playa. A esa hora no había nadie; eran las dos o las tres de la tarde y la gente estaba comiendo. Caminamos un poco por la arena, hasta que empezó a lloviznar; entonces decidimos volver a la casa. En el momento en que me estaba poniendo las zapatillas de correr, apareció un hombre con un niño de tres o cuatro años. Venían caminando, y estaban todavía a cierta distancia cuando el niño soltó de repente la mano de su padre y vino directo hacia mí, diciendo:

—¡Mamá, mamá! ¡Mamá, mamá! ¡Mamá, mamá!

Se detuvo delante de mí y me sonrió con cara de felicidad. En ese momento tuvo lugar una conexión increíble. Lo miré con ternura y le dije:

—¡Muchas gracias por el mensaje!

Entendí que mi bebé transmitió ese mensaje a través de ese niño inocente, de voz dulce. El padre vino corriendo detrás del niño y me dijo:

—¡Perdón, señora!; no entiendo nada. Acabamos de dejar a su madre en casa y además no se parece en nada a usted. No entiendo nada...

Le guiñé el ojo al niño y le dije al padre:

—¡Será que me ha reconocido de otra vida!

Me miró confuso y prosiguió el camino con su hijo.

Al día siguiente, Sábado Santo, también salimos al mediodía, en esta ocasión a pasear por el pueblo. Tampoco había nadie a la vista, hasta que finalmente, cuando estábamos cruzando una calle, apareció una mujer con una niña pequeña en un cochecito de paseo. Cuando estaban a medio cruzar, la niña, mirándome de frente, estiró los brazos, abriéndolos, y exactamente con la misma voz del niño del día anterior exclamó:

—¡Mamá, mamá! ¡Mamá, mamá! ¡Mamá, mamá!

Los dos nos quedamos con los ojos muy abiertos por la sorpresa. La madre pasó por delante de mí y miró a su hija:

—Pero, hija, ¿qué te pasa? ¡Estoy aquí; soy yo!

Le guiñé el ojo a la niña, como diciéndole: «¡Gracias por el mensaje!». Esa fue la reconfirmación de que mi hija estaba de camino, y con ganas de dar la nota, con ganas de decir: «¡Aquí estoy!».

En un determinado momento le pregunté su nombre al bebé y me dio un nombre masculino, pero pocos días después supe que era una niña. Entendí que el Ser en realidad no tiene sexo, pero la vibración que se manifestaba se identificaba con el nombre Jonathan Edward, si bien era una vibración femenina. De ahí salió el nombre de Joanna. Lo acepté con enorme alegría y con la gran satisfacción de que iba a tener una hija; ¡un gran regalo!

El embarazo fue una experiencia increíble de conexión entre las dos almas, la de mi hija y la mía. Viví esta conexión a través de sueños y meditaciones. Mi deseo era ser una madre consciente, pero sabía que era un proceso, algo que iría aprendiendo sobre la marcha. Así que decidí, sencillamente, disfrutar de un embarazo sano y a la vez espiritual.

PARTO CONSCIENTE

A las cuarenta y dos semanas de gestación llegaron las contracciones. Pero mi hija no estaba en posición de parto. Los médicos me dijeron que tenían que manipularme el vientre para girarla, pero una persona me lo desaconsejó, porque dijo que podría afectar a la niña e incluso dañar su cuerpo. Entonces decidí hablarle:

—Venga, Joanna; tienes que darte la vuelta. Si no, pueden hacernos sufrir, a ti o a mí.

Y esa noche la niña se giró; se colocó bien. Fui a hacerme otra vez la ecografía y no daban crédito a que el bebé se hubiese girado estando ya de cuarenta y dos semanas. Salí del hospital contenta y relajada, y la niña se acomodó de nuevo; se volvió a poner tumbada mirando hacia arriba, toda encogida. Esa no era la posición conveniente para el parto, pero confié. Le dije:

—Bueno, de momento puedes quedarte así, ¡pero a la hora del parto tienes que darte la vuelta!

Esa conexión fue realmente increíble. Joanna se había acomodado en esa postura durante todo el embarazo, de modo que yo casi ni la notaba. El día en que se giró cabeza abajo, yo estaba incomodísima, porque ella venía grande; no soy ancha de caderas, y si hubiese pasado esos meses con ella tumbada boca abajo, habría sido muy incómodo para mí.

No entendía por qué las embarazadas se quejaban de patadas en las costillas, desde el momento en que yo no notaba nada. A veces me tocaba la barriga y le decía: «Muévete para que yo te sienta», «¿Estás bien?», «¿Estás viva?». Tenía una barriga enorme, mientras que yo permanecía delgadita como siempre.

La doctora me advirtió:

—Si no te pones de parto al terminar las cuarenta y dos semanas, tendremos que provocarlo.

La noche indicada hablé con Joanna. Le dije:

—Mira, tienes que darte la vuelta; si no, me tienen que provocar el parto. Te pido por favor que me acompañes, si realmente te toca y es tu momento.

Mi madre estaba también ahí; había venido para disfrutar del parto.

Todos los seres que vienen a este mundo tienen previsto hacerlo en una fecha concreta, y se debe dejar que vengan cuando realmente les corresponde. El motivo es que la vibración que traen está de acuerdo con la alineación de los planetas y otros astros, lo cual va a determinar muchos aspectos de su vida. Esto lo saben muy bien los buenos conocedores del I Ching, así como los buenos conocedores del horóscopo occidental.

Así pues, pensé que tenía que respetar el día, la hora y la forma de nacer de Joanna. Estaba viendo la final del concurso de cantantes *Operación triunfo*, que me gustaba mucho, mientras paseaba por el salón disfrutando de las contracciones del parto, hasta que finalmente decidí ir al hospital.

Llamé a mi maestro, que estaba en otro país, y le dije:

—Estoy de parto; ¡qué maravilla! Y ha llegado mi madre. Pero hay un problema: no estoy sintiendo dolor; siento que el bebé se mueve, siento que estoy de parto, pero no estoy agonizando. Sin embargo, mi madre sí; ella está sufriendo mis dolores de parto. ¿Por qué ocurre esto?

Ella me miraba y decía: «¡Ahora viene otra contracción!», y yo replicaba: «¡Sí, se mueve!», y se me contraía toda la barriga, y después se me relajaba. Mientras tanto, mi madre se ponía las manos en los riñones, presa del dolor. De hecho, ya se bajó del avión preguntándome si estaba de parto, porque estaba teniendo contracciones *ella*.

El maestro me dijo:

—Tu madre tiene una conexión muy fuerte con el bebé; esta conexión viene de vidas pasadas. Sencillamente, dile que te devuelva las contracciones, y que todo está bien.

Así pues, tuve este diálogo con mi madre:

—Mamá, ¡devuélveme las contracciones!

—¿Y eso cómo se hace?

—Piénsalo y dímelo verbalmente.

—Vale, Suzanne, ¡te devuelvo las contracciones!

A partir de ese momento se quedó absolutamente liberada del dolor, mientras que yo empecé a sentir lo que era una contracción en toda regla. Como dijo mi maestro, mi madre había experimentado las contracciones a causa de la conexión que tenía con la niña, una conexión del alma. Había historias kármicas y dhármicas detrás de todo ello. Para mí fue un auténtico milagro lo que ocurrió; experimenté una sorpresa, un gozo y una magia increíbles.

Mi madre expresó un gran alivio, pero no lo vivió como algo extraño. Lo comentamos con más detenimiento después; en esos momentos lo importante era dar a luz al bebé. Ella se fue a la sala de espera y a mí me llevaron al paritorio. De ahí me condujeron a una habitación, donde tenía que pasar por el proceso de dilatación. Como mi pareja no pudo estar, me acompañó una queridísima amiga. De repente, decidí llamar a mi maestro; le dije:

—Mira, ya estoy en mi habitación del hospital; ¿algún consejo?

—Ahora es trabajo tuyo. Quiero que te imagines que estás en la orilla de un río y yo estoy en la otra orilla. Tu trabajo es cruzar el río, vivir la experiencia del parto del bebé. Vive esa experiencia; es toda tuya. ¡Disfrútala, gózala, apréndela!, y yo estaré esperándote al otro lado.

Cuando colgué el teléfono dispuesta a seguir sus indicaciones, acababa de dejar mi bolsa al pie de la cama. En ese momento me giré y vi, colgado en la pared que tenía detrás, un cuadro que era justo lo que me había descrito: un río y las dos orillas. Automáticamente me di cuenta de que él estaba a mi lado para acompañarme en todo el proceso. Lo único que tenía que hacer era confiar y saber que todo iba bien, que él estaba ahí, aunque no fuese físicamente. Literalmente, utilizó ese cuadro para transmitirme confianza.

Fue una noche absolutamente mágica, especial, extraordinaria. Hubo tres apagones. A causa de la experiencia multidimensional que estaba viviendo, se elevó tanto la frecuencia en ese paritorio que se fueron las luces y tuvieron que poner en marcha los generadores. Las enfermeras no daban crédito; yo, por dentro, tenía mi sonrisa de pillina, pues sabía que el cosmos me estaba acompañando.

Y finalmente di a luz a mi hija. Llegó el 15 de enero a las diez horas y doce minutos. Fue una experiencia increíble. Cuando la tuve en brazos, lloré de felicidad. Me miraba con esos ojitos de recién nacida, como diciendo: «Hola, mami; aquí estoy, en tus brazos». Salí de ahí para saludar a mi madre y presentarle a Joanna. Mi madre también lloró de felicidad. Los amigos y amigas que me estaban esperando vieron en ella los ojos de un ser que había venido a este mundo para hacerme compañía, para que ya no siguiera sintiéndome tan sola o incomprendida como me había sentido durante la mayor parte de mi existencia. Ahora ya tenía compañía para el resto de mi vida.

Esa conexión con el alma pueden vivirla todas las madres. Es un estado de gracia, de pura felicidad. Estando embarazadas, experimentan cambios emocionales y hormonales, incluso cambios de carácter. Cambia su relación con su pareja, con su familia, con sus amistades; se entregan en cuerpo y alma a ese embarazo, a ese bebé. Y cuando nace su hijo, vuelven a entrar en otro modo, en otro estado. Es un momento perfecto para enlazar con la divinidad, porque aunque no venga en las circunstancias idóneas que puedan desear los padres, un bebé constituye absolutamente siempre un regalo divino.

CRIANZA CONSCIENTE

La conexión con el alma del bebé empieza antes de la concepción (incluso meses antes), está muy presente durante todo el embarazo y, cuando nace el bebé, vuelve a haber una comunicación no verbal con él, una comunicación telepática, basada en la vibración.

Mi maestro decía:

—¿Ves?, tu bebé nunca llora, porque tú ya sabes lo que necesita antes de que tenga que pedirlo.

Efectivamente, sentía que tenía que darle el pecho antes de que llorase, y sentía también cuándo era el momento de cambiarle el pañal, lavarla, sacarla de paseo, abrazarla, meditar con ella... Así fue durante sus primeros meses de vida, cuando todavía no teníamos comunicación verbal.

Cuando Joanna fue creciendo y pudo hablar, siguió nuestra conexión álmica, y empezaron nuestras experiencias multidimensionales. Ella podía leer mi mente: sabía lo que le iba a dar para merendar, sabía si yo estaba mal... A muchas madres les ocurre esto con sus hijos; tienen una conexión divina con ellos.

La conexión de una madre con sus hijos es algo realmente especial; va más allá de la relación que tiene un ser humano con otro ser humano. Desde la conexión que tienen por la barriga, el hijo puede conectar más fácilmente con el alma de su madre; y la madre, cuando se relaja, también conecta con el alma de su hijo. Ella siempre sabrá cuándo le pasa algo a su hijo, cuándo le esconde o le falta algo; tiene este sexto sentido. Lo mismo les ocurre a los hijos en relación con sus padres.

Los hijos vienen a nosotros como un gran regalo para despertarnos. Hay que entender que un niño, particularmente cuando es pequeño, inocente, de mente libre y sin condicionamientos, es un alma pura, que no ha recibido aún ninguna codificación. Ellos viven despiertos, intensamente en el presente; por lo tanto, están absolutamente atentos a todas las señales. Su percepción es mucho más amplia que la nuestra. Hay que atenderlos y escucharlos y tomar conciencia de la pureza de su estado, para poder aprender a ser más como ellos. Son grandes mensajeros.

Es muy inspirador ver la facilidad con que los niños se conectan con el alma. Cuanto más pequeños, más lúcidos son. Pero claro, se topan con la sociedad: los educadores, los padres, todos intentamos que los niños entren dentro del molde de lo «correcto» y lo normal, y van perdiendo sus capacidades a medida que se los va codificando para que sean uno más dentro del sistema.

Esto es un error. Si los padres tienen cierto nivel de conciencia, deberían hacer todo lo posible para que sus hijos conservaran sus capacidades, su lucidez, su conciencia, y pudieran luego desarrollarlas humildemente. Nunca hay que caer en la tentación de sentirse por encima de los demás seres humanos ni crecer con arrogancia. Porque cuando un niño tiene ciertas capacidades puede volverse arrogante y desarrollar un gran ego espiritual; aquí sí que los adultos tenemos una labor que llevar a cabo.

Lo mejor es escucharlos, atenderlos, no descartar ningún relato suyo ni ninguna experiencia, sino más bien comprenderlos, invitarlos a que se expliquen y a que cuenten lo que ven y lo que viven. Solo se irán abriendo en la medida en que sus padres se abran o despierten a esa realidad. Si no, saben que la información que den caerá en saco roto y que corren el riesgo de ser etiquetados como chicos raros, excéntricos, fantasiosos. Así pues, hay que estar atentos para ayudarles, apoyarlos y acompañarlos y, sobre todo, para aprender de ellos.

Por desgracia, a veces no tenemos esta actitud de apertura. Nos posicionamos con autoridad como padres; les decimos: «Yo soy tu madre», o «Yo soy tu padre», y les anunciamos que sabemos más que ellos, porque tenemos muchos conocimientos y experiencias en este mundo, de modo que estamos en disposición de ordenarles qué es lo que tienen que hacer. Todos, como padres, adoptamos esta postura en alguna medida. Pero si nos relajamos y vivimos la experiencia de una forma álmica, vamos a aprender mucho más. Porque el auténtico propósito de la vida es ser felices, estar en paz y vivir en el presente, atentos y despiertos, y libres, como seres espirituales que están teniendo una experiencia física. Y esto es precisamente lo que ellos saben hacer, porque no tienen en su mente un *software* que se lo impida.

* * *

En la guardería, Joanna destacaba por ser una niña diferente. Sabía, desde su libertad, cómo quería gestionar su tiempo. Cuando se sumergía en un juego, aunque fuese en solitario, y la profesora determinaba que era la hora de cambiar de actividad, siempre protestaba. No entendía por qué tenía que dejar algo que estaba disfrutando en ese momento presente, algo con lo que su ser se expresaba creativamente.

Cuando los niños se hallan inmersos en su mundo, disfrutando, es natural que estén en una frecuencia en la que se sienten a gusto y en paz, y es normal que protesten si nosotros irrumpimos cambiándoles la frecuencia con nuestros horarios, nuestras exigencias y nuestra rutina; les estamos causando un punto de estrés. Aunque eso también forma parte de la dualidad que vienen a experimentar aquí. Es necesario que sepan manejar esos cambios y adaptarse al entorno, a lo colectivo, a otros seres humanos, a lo que es vivir aquí en la Tierra. Ahora bien, cuanto más pequeños e inocentes son, más conectados están con su ser, con la Esencia, con la Fuente de donde acaban de salir, y más difícil les resulta gestionar estos cambios. De modo que la profesora de Joanna decía esto de ella:

—Todos los demás siguen como una gran manada, pero ella parece una extraterrestre; vive en su mundo. Es muy observadora, se aparta; es como que calcula dónde quiere participar y dónde no, como un personaje digamos maduro en este aspecto. Pero se adapta menos que los otros niños de la clase.

El hecho de haberse criado como hija única y convivir únicamente conmigo hacía que el caso de Joanna fuese especial. Yo era su mundo; el resto de la familia estaba lejos. Así pues, no tenía primos, tíos o abuelos cerca para poder compartir, y el hecho de convivir con otros niños dentro de un determinado marco alteraba su experiencia de vivir en el presente. Allí tenía que adaptarse y ser una más.

La profesora observaba que apoyaba siempre al alumno más débil, al que más sufría, al más triste, al enfermo o al distanciado del grupo. Mostraba un gran corazón y una gran empatía; verdaderas ganas de servir, atender y mimar a esa persona. Incluso cuando la profesora no se encontraba bien, Joanna se acercaba a ella y, para su sorpresa, le ponía las manos y le decía:

—No te preocupes, que yo te ayudaré. Pondré mis manos donde te duela y así se te irán los dolores.

La profesora decía que parecía una niña especial, que tenía una sensibilidad más acentuada que los otros niños de su clase.

* * *

También siendo muy pequeña, un día, a la vuelta del colegio, me dijo:

—Mami, hoy has cantado el OM.

—¿Cómo lo sabes?

—Porque te he escuchado.

Yo iba a clases de yoga y, curiosamente, ese día hubo un cambio de profesora. La sustituta, al final de la clase, nos hizo cantar el OM varias veces. Con la profesora habitual no lo hacíamos.

Joanna dijo que había escuchado el OM, pero estábamos a cuatro o cinco kilómetros de distancia; era imposible que lo hubiese oído. Eso sí, lo había captado, como vibración, en su canal. Tuvo conmigo esa conexión sin tiempo, sin espacio, sin distancias.

Cuando yo estaba cantando el OM, ella estaba pensando en mí, y sintió la vibración de ese sonido en su alma. Para los niños es muy fácil sentir esa conexión... o no sentirla. Para saber si un niño ha conectado con un adulto, basta con observarlo. Cuando un adulto desconocido y presa de una gran agitación interior se acerca a un niño, este se retrae, se esconde. Pero cuando un adulto se acerca a él con la intención de aportarle alegría y amor, el niño no desconfía; se abre. Su comunicación es siempre a partir de la vibración. Ocurre lo mismo con los animales de compañía; son también seres muy sensibles, que saben captar nuestras intenciones a través de la vibración que estamos emanando.

25

SÍNDROMES DE CONEXIÓN

Cuando Joanna tenía unos cinco años jugaba, entre otros niños, con un vecino nuestro que era autista. Y una noche me dijo:

—Mamá, ¿sabes que ese niño de noche es un niño normal?

Quería decir que jugaba con él también en sueños, y que fuera del cuerpo físico, o del «traje humano», ese niño no tenía limitaciones para comunicarse. En los espacios en los que es posible la comunicación de ser a ser, no cuentan las distinciones que aquí hacemos basándonos en etiquetas, enfermedades y trastornos.

Expliqué en otro capítulo la conexión que manifestaba la hermana con síndrome de Down de mi antigua profesora Kathleen McQuaid. Nosotros tuvimos una experiencia increíble, en un curso zen que impartimos en Madrid, con un ser maravilloso llamado Joaquín, que estaba sentado en la primera fila. Tenía el síndrome de Down pero era excepcionalmente despierto, vivo, espontáneo, alegre y feliz, y nos llenó el alma. Lo recuerdo allí sentado, presente todo el tiempo, asintiendo con la cabeza mientras escuchaba las lecciones, sobre todo las más filosóficas, como diciendo: «Así es, así es». Todos los días mostró mucha atención, y hacía las prácticas como todo el mundo.

Teníamos en la mesa una foto del fundador de la enseñanza, fallecido en 1924. Y en un determinado momento, Joaquín se levantó y anunció:

—El señor de la foto me ha presentado a un hombre que tú llamabas «El Maestro», quien me ha contado muchas cosas sobre ti y sobre tu vida y me ha pedido que te dé un gran abrazo.

Subió al escenario y delante de mil personas me abrazó repetidamente, diciendo:

—Suzanne, te amo; te amo con todo mi corazón.

La inocencia de Joaquín lo convirtió en la persona perfecta para transmitir ese mensaje. Desde entonces, he vuelto a verlo. Acudió a la presentación de mi libro *Menús conscientes*. Se acercó y volvió a abrazarme desde el alma. Su hermana, que vino con él, dijo:

—¡No te puedes imaginar qué conciencia tiene Joaquín, qué manos tiene! Está dispuesto ayudar a todo el mundo; se siente feliz de ayudar a quitar esos dolores, molestias, tristezas, depresiones... Siempre le pido ayuda cuando la necesito.

Joaquín me había hecho una promesa:

—Te prometo que voy a ser buen alumno y voy a ayudar a mucha gente.

En el fondo de su alma, realmente había comprendido todo lo que se le había enseñado.

Para mí, Joaquín sigue siendo un gran ejemplo de ser humano que está al servicio de los demás con amor. Lo que más destaca de él es su pureza y su inocencia, como en el caso de los niños más pequeños.

Los adultos deberíamos intentar llegar a ese estado de pureza e inocencia. Es así como regresamos a casa, entendida como el lugar o la vibración, el estado, la frecuencia, en que gozamos de la inocencia de nuestro niño interior. Cuando finalmente, como humanidad, logremos ese estado, viviremos el paraíso en la Tierra.

26

ENCUENTROS CON LA TERCERA EDAD

En el contexto de un curso que dimos hace años en una residencia de ancianos, ubicada en las afueras de Barcelona, tuvimos unas experiencias muy gratificantes. Como os podéis imaginar, la mayoría de los ancianos estaban medio sordos, algunos medio ciegos, o sufrían artrosis... Es decir, todos tenían sus problemas propios de la edad. Tuve que dar una clase dinámica, alegre; pedí la participación de todos los alumnos, pero al mismo tiempo impartí toda la teoría, tal y como la doy en cualquier curso normal. La clase de segundo nivel coincidió con la celebración del día de Sant Jordi (San Jorge), cuando es costumbre que las mujeres regalen un libro a los hombres y los hombres una rosa a las mujeres.

A Mario, uno de mis colaboradores, le había estado recomendando que leyese *El caballero de la armadura oxidada*. Por sus problemas, por su carácter, por las circunstancias de su vida, le decía que ese libro le vendría como anillo al dedo. Incluso soñé con ello y lo vi en meditación; estaba claro que ese libro era para él. Pero cuanto más se lo decía, más se resistía, de modo que decidí dejar de insistir.

Cuando fuimos a la residencia a dar el curso el día de Sant Jordi, todos los abuelos y abuelas nos tenían preparada una sorpresa. A mis colaboradoras y a mí nos regalaron una rosa, pero a Mario, como era el único hombre, le habían comprado un libro. Le quitó el envoltorio y, para nuestra gran sorpresa, era *El caballero de la armadura oxidada*. Nos miró como preguntándose si nos habíamos «chivado» a los abuelos, cuando ni siquiera sabíamos que iban a tener esa atención con nosotros. Así que tanto mis colaboradores como yo nos quedamos muy sorprendidos.

¿Cómo supieron los abuelitos que Mario necesitaba ese libro? ¡Vaya conexión con el alma y vaya gran toque de humildad nos dieron! Porque cuando uno está acostumbrado a dar cursos a distintos tipos de público, automáticamente puede pensar que los abuelos no van a ser tan buenos alumnos, porque están muy mayores, casi no se enteran por su sordera, etcétera. Pero resultó todo lo contrario. A pesar de los inconvenientes típicos de los ancianos, como sus despistes y olvidos, tenían sin embargo una enorme sencillez, que fue la que les permitió conectar con el alma de Mario. Así que jamás de los jamases olvidaré la experiencia que tuve en esa residencia.

Algún tiempo más adelante llamé a la directora para ver qué tal iban los alumnos, y dijo:

—¡No te lo vas a creer! Cada día uno de ellos da la orden; los saca a todos de delante del televisor y los pone a meditar.

Cuando alguien enfermaba, iban todos corriendo para atenderlo con los toques zen; cuando la directora no se encontraba bien, se ofrecían a cuidarla y hacerle la imposición de manos... A la hora de las visitas, los abuelos les decían a sus nietos: «¿Hoy qué te duele? ¿Hoy qué te pasa? Siéntate y cierra los ojos, que te voy a curar». Con todo esto, ya no enfermaban ni morían. Si alguno estaba muy enfermo, se veía más que mimado y atendido por todos. El médico ya no tenía tanto trabajo y los familiares debían pagar más dinero para mantener a sus mayores dentro de la residencia durante mucho más tiempo.

En definitiva, los abuelos nos dieron una gran lección.

A veces me preguntan: «¿Cómo podemos conectar con el alma como aquellos abuelos que no lo intentaron, simplemente lo consiguieron?». Para poder dar con el libro de Mario, entre los millones que hay en el mundo, ellos no buscaron qué libro regalarle; tan solo sintieron que ese libro le gustaría a Mario. No se trata de intentar buscar, sino de llevar a cabo el proceso de desandar el camino andado. Se trata de vaciar la mente, de apartarla para que no piense tanto. Se trata de sentirse más como los niños, o como los animales. Se trata de ser más sencillo. Las personas mayores no son más que niños grandes; están simplificando su vida. Se han liberado del tormento de los compromisos, las hipotecas, las reputaciones y las cargas que habían ido poniendo en la mochila para ser alguien en la vida. Cuando uno lo simplifica todo, puede hacer esas conexiones.

* * *

En la relación típica de los padres con los hijos se llega a una mayor comprensión cuando los padres se hacen mayores, porque en el proceso de evolución de un ser humano, uno nace como niño y, si llega a una edad avanzada, vuelve a retomar esa inocencia. Todo el proceso de la vejez lleva a la persona a volver a ese estado de inocencia. Fácilmente se olvidará de muchas experiencias duras y se acordará de vivencias y convivencias lejanas; por ejemplo, recordará cómo ejercía de madre cuando sus hijos eran pequeños, y no recordará tanto las experiencias más cercanas en el tiempo.

Voy a poner un ejemplo de conexión entre madre e hija sacado de mi propia vida. Cuando estaba escribiendo el libro *Atrévete a ser tu maestro*, mi madre tuvo una serie de infartos que la llevaron hasta un estado de salud muy crítico. Recuerdo aquella ocasión en que mi hermana me llamó para avisarme de que acababa de tener otro infarto masivo y que estaba ingresada en un estado muy delicado. Me aconsejó que sacara un billete para viajar al día siguiente, porque no sabían con certeza si iba a salir de esa. Compré el billete y seguidamente me llamó mi hermana para decirme que le iban a poner *stents* para facilitar el riego sanguíneo, ya que había una obstrucción.

Conecté a través de la meditación para evaluar ese paso respecto a la intervención y también contacté con un médico cardiólogo para confirmar cuál era la decisión correcta; quería verificar si lo que yo estaba recibiendo coincidía con lo que él aconsejaba. Así que escuché los consejos de ese cardiólogo, que era un alumno de nuestra enseñanza zen. Él había sentido lo mismo que yo, que no era la solución correcta. La urgencia de la situación requería una operación de baipás y no pasar por el proceso de los *stents*.

Lo comuniqué a mi familia, pero los médicos habían estimado que dadas las condiciones que presentaba mi madre una intervención tan agresiva suponía un altísimo riesgo. Mi madre contaba ya con setenta y cinco o setenta y seis años, era fumadora, tenía sus enfermedades y tomaba su medicación...; demasiado riesgo. La Seguridad Social reservaba ese tipo de intervenciones para personas con menos riesgo y más jóvenes, no fumadoras; en definitiva, personas que tenían más posibilidades de salir adelante. Así que los médicos optaron por los *stents*.

Le hicieron la intervención de inmediato, pero el resultado fue negativo. Mi madre volvió a tener infartos enseguida y mi hermana me llamó para decirme que la estábamos perdiendo. Así que desde España, en mi casa, me puse a meditar. Al principio de la meditación sentí una enorme tristeza y muchas ganas de llorar. Las lágrimas me salían a borbotones. Sentí la presencia de mi madre a mi lado; casi podía olerla. (Todos conocemos el olor de nuestra madre. No es algo tan físico como vibratorio; es un tema de frecuencias, por la cercanía que tenemos con ella). Al sentirla a mi lado, me comuniqué con ella y me salió del alma decirle:

—Pero ¿qué haces aquí? Hace ya un año que no te doy un abrazo. Que sepas que tengo un billete de avión para ir a verte mañana a darte ese abrazo, estar contigo y ayudarte con todo lo que yo sé. Así pues, ¿quieres hacer el favor de volver a tu cuerpo y no estar por aquí?

Al cabo de unos minutos sentí aliviarse la presión que notaba en el pecho, y mi madre fue regresando, hasta que finalmente resucitó.

Cuando digo que «resucitó», lo digo de manera literal. Después de esa meditación, sintiendo ya paz y normalidad, hablé con mi hermana. Me dijo que la habían metido en una ambulancia y le habían puesto la bomba para sostenerla con vida, porque el médico había dicho: «A esta mujer no la vamos a dejar que se muera», yendo contra el protocolo empleado para una mujer de su edad y sus condiciones. Decidió trasladarla de hospital y llevarla a la ciudad de Belfast, y estaban en la ambulancia cuando sufrió un paro cardíaco y respiratorio. Los médicos confesaron que mi madre estuvo ocho minutos muerta; fueron esos ocho minutos en que estuve con ella durante la meditación. Ella volvió a la vida, pero no conservó la memoria de nuestro encuentro. Después la operaron. Pudieron hacerlo enseguida porque, casualmente, el quirófano había quedado libre cuando llegó, a pesar de la larga lista de espera.

Uno podría calificar estas circunstancias de «casualidades», pero no lo son. Todo estaba ya preparado desde otro plano. Me hice a la idea, preparé la maleta y partí hacia Irlanda, mientras ella estaba en el quirófano. Al día siguiente, cuando llegué, estaba en la UCI, en observación. Cuando la reanimaron y la sacaron de ahí, mi familia me permitió entrar a verla de inmediato. Entré justo cuando estaba abriendo los ojos. La vi muy frágil y muy débil; le agarré la mano y le dije:

—Ya estoy aquí; ya estoy aquí y te voy a ayudar.

Después de una intervención tan larga y tan dura, casi no podía hablar. Estaba conectada a muchas máquinas, con sondas y cables por todos lados. Cuando me vio, se quiso incorporar, pero no pudo moverse. Le hice el *reset* y el toque zen, y la ayudé con la capacidad zen. Los doctores decidieron que los familiares no la hiciesen hablar, que esperasen hasta el siguiente turno para dejar que se fuera recuperando tranquilamente. Así que pude hacer mi trabajo.

Después de cuatro horas, tuve que dejar pasar a los familiares, en el segundo turno. Mientras tanto, volví a mi pueblo y proseguí con el libro. Decidí añadirle al principio una dedicatoria a mi madre, con la esperanza de poder entregárselo algún día en mano. Sentía que esa posibilidad existía.

Cada día tenía mis cinco minutos con ella, para irle aplicando los toques zen. El primer día que la visité, mi hermano nos comunicó que cuando entró a visitarla se hallaba en un estado de felicidad, casi de euforia. La había encontrado alegre, protestando, reclamando la comida, porque sentía hambre. Era como si no hubiese pasado por una operación.

* * *

Todos quienes fallecen y vuelven a la vida traen siempre un regalo, y ella trajo el regalo de la visión multidimensional. Empezó a hablarle a mi hermano de personas que ella pensaba que estaban físicamente allí. Comentó que andaba por ahí un señor negro que llevaba un bebé mulato en brazos, que quería salir pero decía que no le dejaban hacerlo. Ella le comentó que iba a venir su hija Suzanne y le ayudaría a salir, que no se preocupase. Por supuesto, mi hermano pensó que esas visiones debían de ser un efecto de la medicación, que eran alucinaciones. Pero no era el caso; en realidad, mi madre estaba experimentando la multidimensionalidad del ser humano.

Habló también de otro señor, en este caso más agresivo, que la reñía y le decía que tuviese mucho cuidado a partir de ahora, que no debía subirse a ningún tractor, ni a ningún autobús de dos pisos, ni a ningún camión articulado, porque con su delicado estado de salud podría ser muy peligroso para ella. Lo contó con naturalidad, añadiendo que ese señor le faltaba al respeto, que quién se creía que era para decir todas esas cosas a una señora de su edad. Por supuesto, la familia no entendía qué le ocurría, pero yo sí, porque conozco ese aspecto del ser humano, y sabía perfectamente que estaba viendo lo que estaba pasando dentro de esa unidad de cuidados intensivos.

Recién salida de su operación, mi madre se encontraba en otro estado del alma. Permanecía semiconsciente, despreocupada de todas aquellas cosas que nos ocupan la mente. Estaba solamente por ella. Acababa de abrir los ojos, como si hubiese regresado de un largo sueño; por eso se puede considerar que el suyo era un estado de semivigilia. Ese estado, el estado en que está uno cuando acaba de abrir los ojos, es perfecto para tener una conexión con el alma, para conectarse con el disco duro. El cuerpo mental, la parte no física, está fuera del cuerpo, pero lo suficientemente cerca del campo magnético para que pueda haber una conexión. En esos momentos se pueden transmitir datos al cerebro, y esa transmisión de datos nos ayuda a interpretar lo que estamos viendo. Ahora bien, en el momento en que pisamos el suelo, o hay un ruido, un golpe o algo que nos haga tomar conciencia, reaccionamos y el cuerpo mental se apresura a entrar en el cuerpo físico. Entonces, salimos del estado de semivigilia.

En el caso que nos ocupa, el estado de semivigilia de mi madre se debía a que estaba saliendo de los efectos de la anestesia. En él, podía captar todo lo que había alrededor; era capaz de ver y escuchar en otra dimensión. Y obviamente en una clínica o en un hospital ha habido muchas muertes, y hay personas que se han quedado por ahí confusas. No estaban preparadas para morir, no lo esperaban, y en vez de ir a su destino se quedan vagando por el quirófano, la UCI o los pasillos. Mi madre pudo ver esos personajes y hablar con ellos porque el suyo era un estado de calma total; además, la medicación que le daban para el dolor aletargaba su sistema nervioso, y esto hacía que fuese mucho más fácil para ella ver esa otra dimensión.

Así pues, aparte del regalo que trajo después de la muerte –la visión multidimensional–, su estado y las circunstancias pudieron conducir a que tuviera esa conexión. Ella solo tenía que ocuparse de comer, hacer sus necesidades y comunicarse con los profesionales, ya que era atendida en absolutamente todo. Y la despreocupación, la desocupación de la mente, procura ese estado perfecto que permite poder hacer ese tipo de conexión con el alma.

Por mi parte, decidí hacer mi trabajo: recoger a esas almas que estaban rondando por ahí buscando su camino y ayudarlas a ir a su destino, adonde realmente tenían que estar. Así que gracias al proceso de mi madre pude ser de ayuda durante esos días y acompañar a esas almas hacia la libertad.

Tres o cuatro días después de la operación, mi madre empezó a insistir en que necesitaba su maleta y su ropa, porque se iba a casa. Naturalmente, la familia no le hacía caso; era inconcebible que pudiera abandonar el hospital tan pronto después de una operación como esa. De manera que atribuían esos arrebatos a sus «alucinaciones». Pues bien, al final, ella tuvo razón. A los siete días le dieron el alta. Fue tan repentino que no tenía su ropa, ni sus zapatos, ni nada que pudiera ponerse para irse. Mi hermano pequeño tuvo que acudir rápidamente a una tienda de la ciudad para comprarle algo que ponerse.

Las enfermeras arreglaban los turnos entre sí para poder estar con mi madre y compartir con ella, porque su caso era totalmente atípico. Finalmente, el médico habló con mi padre; le dijo:

—No entiendo bien la evolución de su señora; es muy atípica. Con la intervención que se le practicó, estando ella como estaba cuando llegó al hospital, con todo su historial clínico, no es normal que a los siete días se le pueda dar el alta; esto desmonta todas nuestras teorías. Esa hija que decía usted que venía de España que le estaba pasando energía o algo así, ¿cree que ha podido tener algo que ver?

Y mi padre contestó con orgullo:

—Pues solo ha podido ser eso. Nosotros tampoco nos lo explicamos fácilmente; para nosotros también ha sido una sorpresa.

Así que mi madre salió del hospital una semana después de la operación de doble baipás (en vez de los quince días estimados), todavía con las cicatrices de los *stents* y con un nuevo carácter, más despreocupado. No hizo caso de las restricciones que le impuso el médico; cuando llegó a casa, dijo:

—Como me han regalado vida, porque he estado ocho minutos muerta, lo voy a celebrar con un coñac con oporto.

Esta era su pequeña tentación; el caprichito que se permitía de vez en cuando. Mi padre y mis hermanos la miraban con cierto temor:

—Pero ¿cómo puedes ser tan inconsciente?

—Es mi vida, y voy a hacer lo que yo quiera.

Y, después de siete días sin poder hacerlo, volvió a fumar.

Realmente, mi madre regresó con un nuevo carácter, con una nueva manera de enfocar la vida. Empezó a disfrutar de hacer lo que ella quería en vez de practicar el autosacrificio constante, siempre en beneficio de los demás. Es una mujer maravillosa, entregada a su familia, pero siempre había hecho todo para los demás y no para sí misma. Y ahora se está dedicando su tiempo; se está dando permiso para ser ella misma, con todas las consecuencias.

Mi madre es un gran ejemplo para mí; la admiro con profunda gratitud y cariño por todo lo que me ha enseñado y aportado. Y sí, celebro que ahora se dedique tiempo a sí misma. Sigue batallando con sus problemas, con sus enfermedades, sigue tomando su medicación, pero ya con otra conciencia, otra actitud. De hecho, he quedado para irme de vacaciones con ella próximamente, así que espero y deseo poder disfrutar de esos días en su compañía. Ya lo tenemos todo planificado...

He querido compartir esta historia, pero deseo añadir que no debemos esperar estar al borde de la muerte, o tener que volver de ella, para ser nosotros mismos. Podemos tomar esta decisión plena y conscientemente en cualquier momento. Podemos decirnos: «Tenga el tiempo que tenga por delante, yo soy yo, esta es mi vida y la voy a disfrutar. Y voy a aprender lo que necesito aprender y a compartir durante todo este tiempo, siendo yo mismo».

Esta es una gran lección para todos, una lección para compartir y disfrutar con todas aquellas personas que nos la brindan, sobre todo cuando están en su lecho de muerte. Hoy estamos, pero mañana no lo sabemos. Así que sé hoy la mejor versión posible de ti mismo, o al menos intenta hacerlo lo mejor que puedas.

27

UNA MUERTE CON SENTIDO

En enero de 2005 falleció el hombre a quien había llamado «mi maestro» en vida. Todo este libro está salpicado de anécdotas en las que él tuvo un papel protagonista, que demuestran su enorme capacidad y conexión. Me quedó especialmente grabada una frase que dijo en la última reunión que tuvo con todos los alumnos que habían acudido a despedirle, procedentes de distintas partes del mundo:

—Todavía estoy esperando que os despertéis.

Por aquel entonces, la palabra *despertar* no estaba muy presente en el mundo espiritual. Nadie hablaba del despertar, y me pregunté a qué se refería. ¿Acaso no estábamos despiertos? ¿Qué era lo que no estábamos viendo? ¿Qué era lo que deberíamos estar viendo?

No fue hasta unos años más tarde cuando entendí que él, como maestro, lo que estaba haciendo era estar sentado en el banco de un río repartiéndonos cubos de agua. Cuando cuestioné por qué se había ido, entendí que finalmente tuvo que marcharse para que viésemos el río, porque estando presente dependíamos de él. Nos repartía cubos de agua del río pero no veíamos el río; fue solamente en su ausencia cuando pude percatarme de que ahí había un río.

Así pues, tal como lo vivo ahora, realmente nos hizo un buen regalo. Pero en ese momento me sobrevino un gran dolor en el alma, porque él fue quizá la única persona que me había comprendido en este mundo. De hecho, en la primera conversación privada que mantuvimos, me dijo:

—¡Tantos años sintiéndote sola, tantos años sintiéndote incomprendida! No te preocupes, que empezarás un nuevo camino, un camino que siempre has estado anhelando, buscando y sintiendo lejos. Pero ahora tu vida comenzará a cambiar. Estate preparada.

Cuando falleció, habíamos compartido diez años de camino. Joanna me hacía darme cuenta cada vez más de su presencia diciendo cosas que él decía, hablando con él, haciendo muy notoria su presencia en casa. Incluso en algún momento ella pronunció palabras suyas en francés, y yo reconocía:

—Bueno, va, ya sé que estás ahí cerca.

Pero había algo que todavía me faltaba: después de haber recibido tanta información a través de los cursos y una grandísima capacidad, ¿qué es lo que no había visto?

Finalmente llegó para mí el momento de tener esa comprensión. Fue en el verano de 2008. Todo empezó cuando estábamos mi hija y yo en el parque de la Ciutadella de Barcelona. Ya conté esa historia en *Atrévete a ser tu maestro*. Con Panchito, ese señor que en ese libro llamé «el señor de la montaña», aprendí cómo conectar con el alma.

28

¿VAGABUNDO O ILUMINADO?

Fue Panchito quien me encontró en el parque; él se acercó a decirme:

—Señora, llevo ocho años buscándola.

Tenía aspecto de vagabundo; era rudo y estaba sucio, llevaba barba blanca y ropa muy vieja. Me dijo que tenía que ir a visitarlo a su casa en Castellote (Teruel) y pasar unos días allí. Comentó que no le gustaba nada ir a la ciudad, pero que había bajado, como decía él, «al cemento» a buscarme porque le habían dicho que había una mujer que tenía una hija; la madre estaba muy atascada y necesitaba ayuda para despertar, mientras que la hija ya estaba muy despierta. En ese momento recordé una frase que dijo un día mi maestro:

—No juzgues a nadie por su apariencia. Un día puede aparecer un vagabundo en tu camino, pero hasta un vagabundo puede ser un iluminado.

Por más que este mensaje resonó en mi cabeza, he de confesar que el aspecto de ese hombre me hizo tener ganas de salir corriendo. Olía mal y además estaba fumando... Pero algo me hizo quedarme allí. De repente apareció Joanna, que había estado pintándose la cara en el mismo parque. Él se giró, la vio y dijo:

—¡Por fin!, aquí está la niña. ¡Menos mal que ella ya está despierta!

Joanna no mostró ningún rechazo hacia ese hombre a pesar de su aspecto. En 2008, ya tenía cinco o seis años, así que ya estaba en disposición de expresar sus propias opiniones. Ella le saludó de manera natural, feliz, con mucha familiaridad.

Panchito me pidió que al día siguiente me encontrase con él en el parque Güell a las doce del mediodía. Me dijo que tenía que hacer un trabajo y quería que yo estuviera presente. Lo medité esa noche; conecté con mi maestro y le pregunté:

—¿Debo ir a ese lugar a contactar con ese señor? Pido confirmación de forma triple, si puede ser.

No me conformaba con un simple *sí*.

La respuesta que me dio en esa meditación fue, como siempre que quería decirme algo directo, *«just do it»*. Es decir, «solo hazlo»; no pienses, no dejes que tu mente interfiera. Y le dije:

—Bueno, pues dame tres señales.

Y me las dio. Al día siguiente, nada más encontrarme con Panchito en el parque, me preguntó quién era ese maestro que se le había aparecido por la noche para decirle: «Recibe a esta madre y a su hija; enséñales el trabajo y cuando hayas terminado, devuélvemelas a casa». Y añadió:

—Como dice que tú pides confirmación, porque te llaman *doña Confirmaciones*, pues es absolutamente cierto.

Le había pedido a mi maestro que por favor me diese una señal muy clara y que Panchito, *el señor de la montaña*, hablase de él y dijese que venía de su parte. Y Panchito sacó su viejo teléfono móvil y me mostró una imagen que pude identificar como algo de lo que el maestro nos había hablado. Con esta señal tenía más que suficiente, pero faltaba la tercera, que vino en forma de unas palabras de Panchito que fueron prácticamente una réplica de las que en su día había dicho mi maestro:

—No te preocupes, que hasta un maestro de maestros puede tomar la apariencia de un vagabundo cuando hace falta transmitir un mensaje.

Así que ya no me quedaba ninguna duda sobre si debía continuar.

En el parque tocó su tambor y, de repente, resonó dentro de mí un viejo mantra. Panchito me preguntó:

—¿Qué has sentido mientras tocaba el tambor?

Le dije que me resonó el *Om mani padme hum*, el mantra que yo siempre cantaba en mi cabeza, incluso de niña. Me tumbaba en la cama y lo pronunciaba en voz alta, y en cualquier momento de sufrimiento, tristeza, dolor y angustia sonaba siempre en mi cabeza. Conservaba el recuerdo del mantra, aunque tal vez no de forma absolutamente exacta. Al decírselo, insistió:

—¿Ves?, te necesito en la montaña. Necesito trabajar un poco contigo y desatascarte, para que puedas recordar tu camino.

Así fue como en el puente de mayo estuvimos allí arriba, en casa de Panchito, junto con unos amigos que nos habían acompañado a pasar esos días. Él nos recibió con todo su amor, y ahí hubo muchas señales. Yo estaba absolutamente abierta a recibir. Había pasado varios días meditando, pidiendo mis confirmaciones y recibiendo las señales. Nada más llegar allí, Joanna sacó un dibujo que había hecho de Panchito. Cuando él lo vio, se rio a carcajadas, diciendo:

—¿Ves como la niña está despierta?

En el dibujo había pintado tres montañas y dos grandes soles, que dijo que eran los dioses de la montaña. Un sol era su madre y el otro sol era Panchito. Dio toda su explicación, y al final del dibujo, en la parte de abajo, había un recuadro con unas palabras que casi no se podían leer. Panchito se echó a reír cuando leyó la palabra *menta*, y dijo:

—La niña ha estado aquí, visitándome durante estas noches. Me pidió establecer contacto con los unicornios y la llevé a las montañas a estar con ellos, y me hizo prometerle que cuando viniera a verme le hiciese una infusión de menta. —Y añadió—: Date la vuelta, señora. ¿Ves esa caja que hay detrás de ti? Llevo toda la mañana recogiendo menta fresca para poder hacerle esa infusión a la niña; ¿qué te parece?

Casi me caigo al suelo. Miré el dibujo, lo miré a él, miré la caja de menta y añadí:

—Esto ya es surrealista...

No daba crédito.

Panchito me hizo realizar varios ejercicios de meditación y me enseñó sus cristales (cuarzos, selenita...). Su terreno era precioso, todo hecho siguiendo los patrones la geometría sagrada. Tenía dos tipis muy grandes, que fue donde dormimos. Panchito tocaba cada día sus tambores y nos llevó de excursión por la montaña; nos condujo a cuevas llenas de rocas y piedras preciosas y semipreciosas, a terrenos que eran mantos de cuarzos... Incluso subimos una colina impresionante descalzos, pisando cuarzos ahumados. Joanna iba delante agarrada de la mano de él; en ningún momento se quejó de pinchazos en la planta de los pies. A los adultos nos costó más llegar al final. Panchito nos dijo que era un regalo: una estimulación a la planta de los pies para activar el sistema nervioso a través de los chakras menores.

Todo ello constituyó una experiencia de despertar, de conocerse a uno mismo desde el Ser y de reconocer el Ser en los demás. Aprendí a meditar de otra manera, yendo profundamente hacia dentro, hacia mi propia esencia. Antes, en las meditaciones, me había quedado en la superficie; no había penetrado en el alma, más que nada por mis propios bloqueos mentales y psicológicos, por el miedo a ir a lo desconocido, por la falta de práctica, por no tener confianza en mí misma... Pero con los ejercicios de Panchito tuve que liberar mi mente. Recordé las palabras de mi maestro cuando nos decía:

—Aquí tenéis las pautas, las herramientas; pero os pido que tengáis la mente siempre abierta. Esto es como si recibierais un contrato, pero al final dice: «Todo esto está muy bien, pero mantén la mente abierta, puesto que se trata solo de una manera de empezar, una herramienta para poder ir todavía más lejos. No te lo tomes como un dogma».

Pude aprender a «volar libremente». Hice muchos viajes por el universo, y conservé plenamente el recuerdo de ellos (de hecho, eran meditaciones o viajes astrales libres). Mientras viajaba, Panchito me preguntaba: «¿Ahora dónde estás?... ¿Con quién estás?... ¿Cuál es el propósito de este viaje, de llegar hasta ahí?... ¿Cuál es el mensaje?... De acuerdo, ya puedes volver. Ahora ¿qué vas a hacer con eso?». Y fui llenando mis cuadernos de informaciones que posteriormente iban a tener un significado enorme. Recibí muchas sorpresas muy gratificantes, una tras otra, y sentí una gran alegría en el alma por haber vivido esas experiencias.

Eso sí, tuve que superar las pruebas de la mente codificada, o, como decía Panchito, desandar el camino andado, descodificar la codificación mental, dar un giro de ciento ochenta grados. Tenía que convertirme en una nueva versión de mí misma. Gracias a mi apertura viví experiencias multidimensionales bastante intensas y descubrí mi propia niña interior. Me lo tomé con mucha calma, con despreocupación, con ligereza, con desapego.

29

LA ECLOSIÓN DEL DESPERTAR

Panchito me enseñó a conectarme con la naturaleza, con las nubes, las águilas, los árboles, las plantas, la Madre Tierra, los cristales, los elementales. Vi que había vida en todo y que todos esos seres que interactúan con nosotros tienen conciencia. La vida de la realidad en 3D se desmontó delante de mis ojos. De repente, nada era plano: las paredes empezaron a tener formas multidimensionales y salían imágenes de ellas. O se manifestaban imágenes en las nubes, o en los árboles, incluso en las piedras. Pero no solo lo veía yo; mi hija Joanna también disfrutaba mucho con ello: «Mamá, ¡mira esto!», «¡Mira la nube esa!», «¡Mira esa formación!», «¡No te pierdas ese árbol!», «¡Fíjate en esas sombras!»... Todo cobró vida; ¡de repente me sentí muy observada!

Cualquiera diría que ser permeable a tanta información puede llevarle a uno a acabar en un psiquiátrico, pero no: me sentía plenamente viva, mientras veía mi reflejo en mi hija. A ella nadie le daba lecciones; nadie tenía que desatascarla, porque estaba muy viva y despierta. Y a medida que yo iba despertando a ese nivel, ella iba abriéndose más, expresándose más. Si yo no hubiese ido despertando, le habría preguntado si estaba imaginando lo que veía, si lo estaba soñando, si era real...; no lo habría entendido de la misma forma.

Así pues, pasamos todo el viaje contemplando, y ella sacando fotos a todo: veíamos caras y formas en las nubes, pirámides dentro de las montañas... Las formaciones rocosas adoptaban incluso la forma de cocodrilos, dinosaurios o ballenas. Lo mismo ocurría con los grupos de árboles, o con las sombras. Mirábamos de tal manera que no solo veíamos lo obvio.

La verdad es que fue muy divertido. Cuando volví a Barcelona, lo miraba todo con una sonrisa y ojos como platos. La gente me miraba y me sonreía. Recibía a todos mis «pacientes» en la farmacia con mucho cariño y me sentía tan conectada que podía conectar con su ser, con su alma, con solo una mirada. Sabía darles información sin tener que permanecer en un estado especial de conexión durante el chequeo que llevamos a cabo cuando realizamos la práctica zen. Todos salían con cara de asombro por lo que habíamos compartido. Esto hacía que llamasen a la farmacia pidiendo cita con «la canalizadora». Nunca me había sentido como una canalizadora; ocurría sencillamente que ahora, como estaba todo tan reciente y estaba viviendo algo tan increíble, me abría con tal sencillez y frescura que la gente interpretaba que estaba canalizando.

Creo que eso que experimentaba es un estado muy natural del ser humano; lo único que ocurre es que habitualmente está apagado. Entendí que los niños sí viven en ese estado; en ese gozo, esa espontaneidad y esa frescura. A veces observan con gran atención lo que podría ser una pared o una sombra y nos preguntamos qué estarán viendo... Ahora lo sé.

Es muy fácil que uno pierda ese estado de conciencia cuando se desconecta. Y hoy en día hay muchas distracciones; una de las principales es la tecnología. Cuanto más presente está la tecnología, más fácil es que uno desconecte de ese estado de gracia y pierda la conexión con el alma. Quizá, el propósito del sistema sea el de mantener a la humanidad entretenida y distraída para que no despierte. Sabemos que no hay nada más peligroso en esta sociedad que una persona despierta que pueda contagiar a más personas para que a su vez despierten. Pero si estamos todos unidos como colectivo, se puede decir que el rebaño unido obligará al león a acostarse con hambre.

* * *

Cuando volví a Barcelona, esa misma experiencia de despertar provocó un rechazo enorme por parte de mis compañeros de la enseñanza de los cursos zen. A raíz de esa experiencia de 2008 iba a empezar mi camino en solitario. De hecho, me pidieron que abandonara la enseñanza por hablar abiertamente de aspectos de ella de los que consideraban que no se debería hablar, como la multidimensionalidad, las posesiones, cómo hacer un *reset*... Mis compañeros sentían que el público en general no estaba preparado para escuchar temas relacionados con los espíritus y su influencia en las llamadas enfermedades psiquiátricas; creían que no se podía ser tan abierto y explícito. Sin embargo, como había perdido el miedo, me despreocupé de todo esto y me tomé ese despido por parte de la asociación como una libertad nueva que se me había concedido.

Ahora ya no tenía que rendir cuentas ante nadie, solo ante mí misma. Únicamente debía hacerme responsable del compromiso que había adquirido de impartir los cursos para el despertar de la conciencia individual y colectiva.

La experiencia con Panchito fue necesaria para mi propia expansión y para que pudiese andar mi camino, aunque fuese en solitario durante los años siguientes. Panchito fue una persona muy querida para mí. Me dijo que por haber estado tan abierta y libre de apegos, y por haberle respetado a pesar de su aspecto físico, había superado mis pruebas y mi maestro debía estar muy orgulloso de mí. Esto me llegó al alma, porque desde el primer momento supe que ese era mi camino. Panchito resultó clave para que despertara y pudiera expandirme más, con el fin de ayudar a la gente a recordar su conexión con el alma. Para ello, no debía quedarme solamente con el contrato, sino atender también a la letra pequeña, que hablaba de la necesidad de tener la mente abierta. Así que a partir de ese momento una renovada versión de Suzanne iba a empezar un nuevo camino.

Algo está claro: si he venido a este mundo a despertar conciencias, tengo que hacerlo desde el alma, siendo quien soy con todas las consecuencias. Desde el amor incondicional y desde mi propia libertad, he venido a cantar mi canción, y no me voy a ir a la tumba sin haber intentado hacer lo máximo posible, pero sin apego al resultado.

Tercera parte

HISTORIAS ZEN

30

LIMPIEZAS MULTIDIMENSIONALES

La palabra *reset* nació en esa farmacia donde estuve traba-jando. Un día, el director me dijo:

—Suzanne, llama mucha gente a la farmacia pidien-do consulta contigo, pero dicen: «Quiero una canalización de Suzanne Powell; quiero que me investigue si tengo algún muerto detrás». Busca algún término que no sea *canalización*, porque estamos en una farmacia y esto no pega con nuestra profesión.

El mismo día en que me hizo esta petición vino una se-ñora que me preguntó qué le iba a hacer; le dije:

—Voy a entrar en tu sistema operativo, como si fueras un ordenador biológico; voy a buscar el *software* erróneo y lo voy a mandar a la papelera de reciclaje para que puedas rei-niciar tu sistema.

—¿Como un *reset*?

—¡Pues sí!, es eso. ¡Un *reset*!

Y a la siguiente persona que vino le expliqué:

—Mira, voy a hacer un *reset* de tu sistema nervioso.

Me dijo:

—Ah, vale.

Pensé: «¡No hace falta ni dar explicaciones!, se sobreentiende lo que es un *reset*». Así fue como en esa farmacia nació el concepto de *reset* asociado a lo que es nuestra enseñanza.

El *reset* consiste en buscar la raíz de una enfermedad y eliminarla cuando su origen es multidimensional. Es una liberación o limpieza energética. Su duración es de solo cinco minutos.

Es un trabajo muy sofisticado, muy científico, que se basa en multifrecuencias. Por ejemplo, pongamos que un hombre viene quejándose de taquicardia; ha ido al médico y este le ha dicho que no tiene nada, que todos los parámetros están normales. Ahora bien, nosotros detectamos que lleva un familiar u otra persona, que falleció de un infarto, en su campo magnético, de modo que va a estar sufriendo taquicardias siempre, hasta que quitemos de en medio a ese otro ser. A continuación hacemos el *reset* y la otra persona se va, llevándose consigo su propia enfermedad y dejando de afectar al paciente. Este automáticamente disfrutará de un gran alivio y sus síntomas desaparecerán.

* * *

Recientemente vino a la consulta una señora que llevaba veinte años sufriendo picores en todo el cuerpo. Los médicos no pudieron ofrecer otra solución que los antihistamínicos para eliminar esos picores, los cuales eran supuestamente provocados por una alergia. Pero la mujer llevaba muchos años tomando Atarax sin ningún resultado. Cuando le hice el repaso, encontré que en su campo magnético estaba su padre. Le pregunté si él había tenido ese mismo problema y me dijo que sí, pero que llevaba veinte años fallecido. Curiosamente, empezó a sufrir esos picores cuando él falleció, y vimos claramente que no tenían una causa genética. Estuvimos hablando un rato después del *reset* y cuando ya le tocaba marcharse, se levantó, llegó hasta la puerta, se giró y me dijo:

—Suzanne, ¡ya no tengo picores! ¡Por primera vez en veinte años no estoy sintiendo picores en el cuerpo!

Y me dio un abrazo enorme, muy sentido, muy emocionada, al ver que se había liberado de algo que la había atormentado durante tanto tiempo.

Casos como el de esta mujer hay muchísimos, incluidos algunos muy extraños, como el de una niña de entre ocho y diez años que contrajo la enfermedad de la bulimia (un trastorno alimenticio). Su madre había fallecido durante un atracón de alimentos; literalmente murió en el acto. Y la hija empezó a desarrollar los mismos comportamientos que su madre —comer absolutamente fuera de control—, sin tener ningún conocimiento de lo que era la bulimia, porque su madre lo había llevado completamente en secreto. Los médicos no sabían qué hacer con ella, porque no es nada común que una niña de tan corta edad tenga esa obsesión. Al hacerle el *reset,* se detectó que tenía a su madre detrás, la cual estaba impulsando a la niña a aquel comportamiento compulsivo. Aunque parezca una locura, la madre pretendía que su hija muriese de lo mismo que ella, para que acudiera a hacerle compañía. Se hizo el *reset*, la madre se fue en paz y la niña automáticamente dejó de tener ese comportamiento, para gran alivio de todos los familiares, obviamente.

Un caso reciente que tuve en Guadalajara (México) fue el de Jaime Güido, que publiqué en mi blog. Jaime vino al curso acompañado por su hija, que es médico de urgencias, y su señora. Llevaba años con las secuelas de una embolia que le afectó el tronco cerebral; sentía tremendos dolores en las piernas y no podía caminar. Según los médicos, tendría que sufrir esas secuelas durante el resto de su vida; no le ofrecían ninguna solución. Jaime salió del curso zen sin silla de ruedas, sin muletas, sin bastón y con una enorme alegría en el alma... Su hija documentó el caso y nos mandó su testimonio para que lo publicásemos, para dar a conocer ese gran milagro que vivió su padre en cuerpo y alma. Casos como el de Jaime ya hay muchos, y los voy publicando en el blog.

* * *

Un caso muy especial que atendí fue el de un señor que estaba completamente desahuciado a causa de una leucemia y que se hallaba hacia el final de su proceso. Se llamaba José. Ya le habían mandado a casa a vivir sus últimos días lo mejor que pudiese en compañía de su familia. José también tenía los riñones poliquísticos y eso dificultaba todavía más que pudiese soportar la quimioterapia, la cual tenía que ser filtrada por sus riñones. Así pues, médicamente hablando, no había esperanza posible para él, tanto por su condición física como por su enfermedad.

Cuando conocí a José, ya estaba en su casa. Nada más entrar vi lo que pensaba que era un anciano muy delgado.

Estaba envuelto en mantas y llevaba un gorro de lana en la cabeza, y eso que no hacía nada de frío en la casa. Si bien parecía un anciano, no lo era; era un hombre de cincuenta y tantos años largos, que había estado activo profesionalmente. Conecté con su alma y con lo que había detrás de él (con sus familiares fallecidos) y en cuestión de una semana empezó a recuperar su vida normal. Cuando lo conocí, tenía que ir al hospital a recibir su tratamiento en ambulancia, porque era incapaz de moverse por su cuenta, pero al final podía ir al hospital conduciendo él mismo. A los pocos meses fue a celebrar su total curación con su señora embarcándose en un crucero, un viaje que había soñado realizar.

José recuperó su vida casi en su totalidad en solo una semana porque la raíz de su enfermedad se hallaba en el nivel multidimensional. Es decir, era lo que arrastraba a nivel multidimensional lo que le estaba enfermando, y solo necesitaba esa limpieza para curarse. Pero lo que más sorprendió a los médicos fue comprobar que sus riñones poliquísticos, que habían sufrido el impacto tan grande de la quimioterapia —lo que casi le causó un fallo renal—, estaban filtrando cada vez mejor; se estaban regenerando.

31

EL ABORTO

Hay mujeres que vienen a la consulta y cuando les hacemos el repaso con el reset encontramos que tienen muchos problemas de salud. Pero la raíz de sus problemas físicos, mentales o emocionales, o de su mala suerte en su vida en general, es que han tenido uno o más abortos. Me refiero a abortos provocados, no a que hayan perdido un bebé de forma espontánea.

Cuando una mujer aborta, por el motivo que sea, esa alma se queda con la madre si la idea y la responsabilidad de abortar ha sido suya; en cambio, el alma del bebé se quedará con el padre si este ha conminado a la madre a abortar contra su voluntad, o con el médico en el caso de que este haya insistido en que la madre aborte, aunque el embarazo no implicase un peligro para su salud.

Así pues, abortar conlleva un gran peso kármico. El hecho de que un alma no pueda venir a recorrer su camino en este mundo, después de haberlo planificado para evolucionar, porque se le ha cortado la posibilidad, genera lo que he denominado, en varios vídeos y en el libro *El reset colectivo*, un «karma del copón». Es un gran karma que hay que equilibrar, hay que pagar.

Cuando la madre ha abortado, esa alma se quedará con ella de por *vidas* (o con el padre, si es el caso), salvo que el tema se resuelva antes de terminar esta vida.

Por suerte, se puede llevar a cabo un trabajo para transmutar los abortos, que ayuda a quien los realiza a conectar con el alma del bebé; de hecho, es uno de los trabajos más hermosos que se pueden llevar a cabo. Lo explico en el vídeo *Karma 1* y, con muchos más detalles en cuanto a lo que es el trabajo, en el vídeo *Karma 2*. Ambos se encuentran en Internet.

Si alguien desea hacer ese trabajo, se le facilita todo a través del e-mail gironazen@gmail.com. Natalia acompaña en esos trabajos, que duran un mes; ella lleva a cabo la parte espiritual, de liberación del alma del bebé.

La madre o el padre deben preguntar su nombre a ese ser, si aún no se lo habían puesto. La respuesta puede ser que acuda en un sueño o en el transcurso de una meditación, o tal vez la madre o el padre lo sientan, o de repente oigan repetirse mucho un nombre en su cabeza. También puede preguntársele directamente: «¿Cómo te llamas, hijo mío?», y sentir un nombre.

A continuación, hay que comprarle ropa de la talla que correspondería para la edad que tendría actualmente y enganchar en cada prenda un papelito con su nombre completo. Esta ropa se colgará de un armario. A la hora de comer, si se está en casa, «se le dará de comer». Si es niño, se pondrán siete trocitos de comida en un plato, y si es niña, nueve (pueden ser, por ejemplo, siete/nueve granos de arroz, espaguetis, migas de pan, etc.), un vaso de agua y los cubiertos (el siete es el número de la vibración del hombre en la creación y el nueve, el de la mujer). El plato puede servirse a la mesa con los del resto de la familia u ofrecerse en secreto, por ejemplo poniéndolo en el armario de una habitación, para no tener que dar explicaciones a los invitados o a los hijos si no se quiere.

De alguna manera le estamos dando a ese ser el reconocimiento de que existe, de que forma parte de una familia, de que es un hijo. Para él el tiempo no existe (el tiempo no existe fuera de lo que es la tercera dimensión), y estos actos son muy importantes para él.

Una vez que la madre o el padre haya terminado su comida, debe comer el contenido del plato del bebé no nacido y beber el agua. También puede dárselo a una mascota, pero jamás tirarlo. Tirarlo significa negar la existencia de esa alma.

Estas acciones deben llevarse a cabo durante un mes completo, y, además, personas entrenadas en el zen, que tienen la capacidad de conectar con el alma del bebé, tienen que encargarse de ejecutar la parte espiritual. La madre o el padre hacen el trabajo físico de reconocer a su hijo, pero las personas entrenadas en el zen realizan un trabajo especial al principio del mes (durante un día) y al final del mes (durante tres días).

Finalmente, esa alma quedará liberada cuando la madre o el padre laven la ropa y quemen los papeles con su nombre. En el caso de poder contar con la colaboración de una persona formada en el zen, debe entregársele esa ropa para que la limpie a nivel energético, con el fin de evitar que esa alma se quede apegada a ella y no se vaya. Luego, hay que entregarla a la caridad, a alguien que realmente la necesite. En caso de que no haya nadie que sepa limpiar energéticamente la ropa, se tiene que quemar. No debe darse sin que antes haya sido limpiada energéticamente; si se da sin más, conservará la esencia de la atracción de esa alma por algo físico de su pertenencia. En el caso de que la ropa se queme y, de esta manera, deje de existir, también desaparecerá cualquier tipo de apego o conexión que esa alma hubiese contraído con ella.

Lo bonito es que después de esa experiencia el alma queda liberada, y esa madre o ese padre que estaba sufriendo, tal vez desde mucho tiempo atrás, algún tipo de dolencia o circunstancia —depresión, malestar físico, accidentes continuos...—, deja de padecerlo. Incluso podía ser que los hijos de esa persona, y otros familiares, estuviesen arrastrando ese lastre. Cuando el hijo no nacido siente celos de los hijos nacidos, los molesta: no los deja dormir, les provoca enfermedades, caídas... Para ese niño que no nació, son como un estorbo dentro de la familia.

Una vez liberada el alma, después de ese mes, se restablece la armonía, la paz y el bienestar en la familia. Tiene lugar una liberación para todos. Muchas mujeres nos expresan que su vida cambia radicalmente a partir de ese momento. Familiares y amigos que se habían alejado de repente aparecen y disfrutan en armonía, porque ya no existe ese bloqueo. Es un trabajo precioso y se hace realmente desde la conexión del alma de la madre o el padre con su hijo, más la contribución de la persona que está liberando esa alma a nivel energético.

* * *

Recuerdo un caso muy tierno. Una madre trajo a su hija de dieciséis años a mi consulta. Esta muchacha se había quedado embarazada de un chico que la había abandonado. No estaba preparada para un embarazo a tan temprana edad y se sentía muy asustada. Su madre estaba segura de que yo sabría qué hacer. Entré en el campo magnético de la chica y conecté con el alma de su bebé, y descubrí que ese ser que traía en su vientre había sido su abuela. Este ser se comunicó conmigo y me dijo que amaba tanto a su nieta, que habían tenido una relación tan bonita, que deseaba venir como hijo o hija suya. Después de haber efectuado esta exploración, le pregunté a la muchacha, sin haber recibido ningún dato por parte suya ni de su madre:

—¿Echas de menos a tu abuela? Te amaba mucho, ¿verdad? ¿A que tenías una relación preciosa con ella?

—Claro, claro que sí, pero está muerta.

Le dije que sí que estaba muerta, pero que la amaba tanto que había elegido venir a ser su bebé.

—El bebé que llevas en tu vientre es tu abuela, que ha regresado.

Se agarró la barriga, preguntando:

—¿En serio?

Le pregunté:

—No vas a abortar, ¿verdad?

Miró a su madre y dijo:

—Si es la abuela, no; ¿cómo le voy a hacer eso a mi abuela?

Fue increíble el cambio de actitud de la muchacha en relación con la idea de abortar. Ahora bien, estaba muy preocupada por los aspectos prácticos, porque tener el bebé le iba a implicar unos gastos que no podía asumir, puesto que no trabajaba. Le dije:

—Bueno, yo te ayudaré. Tengo muchos amigos; puedo poner un anuncio en Internet y conseguimos todo lo que necesites a nivel material. Para atender a tu abuela como un bebé tuyo, dale cariño, aliméntalo con tu leche y ya está; el resto irá viniendo solo.

Su madre me miraba con ojos llorosos, porque no había hablado del tema del aborto con su hija; prefería que saliese por boca mía y no por boca suya, porque a ella no la iba a creer. Ahora bien, no había esperado ni por un segundo que la respuesta tuviese relación con la abuela de su hija. Le hice el *reset* a la muchacha y le comenté:

—Adelante con el embarazo. No mates al bebé; no abortes. Si en algún momento de debilidad piensas que no puedes seguir con el proceso de ser madre, me lo entregas a mí y yo lo criaré, y si llega el momento en que estás preparada para hacerte cargo de él, te lo devuelvo. Tu abuela te quiere realmente mucho, y vas a ver tantos gestos suyos, vas a ver tantas cosas que te la recuerden, que cuando vaya creciendo vas a alegrarte mucho de no haber abortado al ser que llevas en tu vientre.

Ese fue el final de una historia preciosa, una resolución rápida de algo que habría desembocado en un drama familiar y que habría supuesto un karma tremendo para esa chica tan joven.

En otra ocasión, una mujer me discutió que necesitase el trabajo que he indicado con el aborto, porque ya había hecho un ritual para liberar a los dos hijos que había abortado, y decía que se sentía liberada. Sin embargo, padecía un problema grave de salud que no tenía ningún tipo de solución médica. Cuando le hice el chequeo, comprobé que el tema de los abortos no estaba resuelto. Le aconsejé hacer el trabajo por sus dos hijos, pero no lo hizo. Perdí el contacto con ella, hasta que un tiempo más tarde regresó a la consulta. Me comentó que había pasado por una operación, durante la cual falleció. Me dijo que se fue por el túnel y que ahí se encontró con esos dos hijos, una niña y un niño; los reconoció como los seres correspondientes a esos abortos. Los vio tristes y se dio cuenta de que no habían sido liberados. Entonces pidió y deseó, con toda su alma, tener la oportunidad de poder liberarlos, para que no permaneciesen ahí en el túnel. De repente, la resucitaron dentro del quirófano; volvió a la vida. Con gran alegría y aceptación, hizo el trabajo que le indiqué, con lo que pudo liberar a sus hijos y transformar su propia vida. Así pues, otra historia con final feliz.

32

EL SUICIDIO

A fin de estar cualificado para vivir tu experiencia como ser humano en la Tierra, aquí y ahora, tienes que haber vivido ochocientos millones de vidas.

—¿Ochocientos millones? ¿No son muchas? –preguntan algunos. Se trata de la cantidad de vidas que hemos vivido desde el inicio de nuestra existencia, tanto en la Tierra como fuera de ella. Este dato consta en el disco duro del alma, en la supermemoria de cada uno de nosotros. Para conocerlo, solo es cuestión de conectar con la supermemoria a través de la meditación o el sueño, en un estado de plena conciencia.

No se debe cortar el proceso de la vida, ni provocando un aborto ni por medio del suicidio. Cuando uno se ha suicidado y se ve muerto en el otro lado, se da cuenta del tremendo error que ha cometido. Además, como en el universo lo semejante atrae a lo semejante, en la otra dimensión los suicidas se atraen entre sí y se agrupan. A causa de esta atracción, si una persona depresiva se acerca a un lugar donde ha habido uno o dos suicidios, puede sentir que quiere también acabar con su vida.

Esto mismo nos ofrece la explicación de los puntos negros de las carreteras, aquellos en los que se producen muchos accidentes. Si una persona conducía bajo los efectos del alcohol y se mató en la carretera, se siente sola, reconoce que se ha quedado allí atrapada y necesita compañía. De ese modo, cuando pase otro conductor que esté bajo los efectos del alcohol, esa alma lo distraerá fácilmente, de tal forma que hará una mala maniobra con el coche, sufrirá un accidente y morirá. Así se van agrupando, y cuantos más se junten, más fácil les resultará distraer a otros. Por eso es importante conducir con mucha conciencia por la carretera, y donde se sepa que ha habido accidentes, ir con especial precaución, evitar distraerse.

Los alumnos zen tenemos conciencia de la existencia de ese tipo de lugares y las limpiamos en la medida en que podemos; acudimos a ubicaciones donde hayan tenido lugar accidentes y suicidios para que esas almas puedan verse liberadas.

Recuerdo la experiencia que tuvimos en la isla Margarita cuando estábamos allí dando un curso zen, hace bastantes años. Hicimos un vuelo en ultraligero y al día siguiente ese avión, ese *ultraliviano,* como lo llaman allí, se cayó y se mataron tanto el piloto como el turista. Una compañera zen fue conmigo hasta ahí. Las dos meditamos en el lugar donde se había producido el accidente, en medio de una parcela de campo que había detrás de una casa, y pudimos conectar con el alma de ambos. El turista era un norteamericano con bastante sobrepeso y en el vuelo el piloto, al igual que nos había hecho a nosotros cuando volamos, apagó el motor y le gastó la broma de que había fallado. El turista se asustó mucho y tuvo una especie de ataque de pánico, con el resultado de que el piloto perdió el control del aparato y no pudo retomarlo, de modo que el ultraligero se cayó. Ambos albergaban sentimientos de culpa: el aviador decía que no tenía que haber asustado al pasajero y el otro, que no debía haberle agredido durante su ataque de pánico. Durante la meditación les aportamos paz, los liberamos y los elevamos a su destino. Ese lugar quedó libre de esas almas y pudimos marcharnos al hotel en paz.

Hemos visitado en ocasiones acantilados, puentes, emplazamientos donde es más fácil suicidarse. Otros lugares propicios son estaciones de metro donde el tren entra haciendo curva: la gente se tira delante del tren sin que el conductor tenga tiempo de frenar; esto lo hemos constatado en Barcelona. Así pues, tomamos conciencia de esos lugares en los que se puede necesitar ayuda y realizamos nuestro trabajo a nivel multidimensional.

El ser humano está abriéndose ahora a estos temas; está tomando conciencia. Así es mucho más fácil que la gente comprenda que un suicidio no es la salida y que el aborto da lugar a problemas. Si uno tiene la información, es mucho más fácil que tome conciencia del valor de la vida y la disfrute, y que aproveche cada momento para rectificar cuando atraviese por dificultades o conflictos. Porque siempre hay una solución. En esta vida cada uno tiene que superar sus pruebas, y nunca le va a llegar a un ser humano una prueba que no sea capaz de superar. Nosotros, como alumnos zen, apoyamos a las personas que están pasando por esos momentos en que necesitan ser escuchadas y les ofrecemos soluciones.

33

SALIR DEL COMA

Cuando una persona está en coma, su cuerpo mental se ha desconectado por completo de su cuerpo físico. Sin embargo, a diferencia de lo que ocurre con los sueños y con la meditación, el cuerpo mental se queda al lado del cuerpo físico, el cual ha perdido la conexión con el sistema nervioso. Esas personas pueden estar así durante días, meses o años, manteniéndose con vida de forma artificial. Pero su cuerpo mental no está viajando, sino que permanece muy cerca de ellas.

Hay personas que comentan que durante el estado de coma eran conscientes de todo lo que pasaba a su alrededor; recuerdan las conversaciones de los profesionales y las que mantenían las visitas. Ocurre lo mismo cuando alguien a quien están operando muere, sale de su cuerpo, regresa a él y después comenta la escena que había tenido lugar y lo que dijeron los médicos, para sorpresa de estos. En ambos casos, el cuerpo mental permanece cerca del cuerpo físico.

Recientemente, fuimos testigos de un caso que sucedió en Sevilla. Es el caso de María Rosario, que estuvo en coma dos veces. En la última ocasión, los médicos llamaron a los familiares para decirles que iban a desconectarla de los aparatos que la mantenían con vida; los invitaban a que se despidiesen de ella, porque ya no podían hacer nada más. Pero, por segunda vez, una alumna zen le hizo el toque zen de emergencia en el séptimo chakra, y por segunda vez volvió a la vida gracias a ello.

Esas dos experiencias de retorno a la vida motivaron a María Rosario a realizar el curso zen. Se siente enormemente agradecida, pero aún está asimilando la experiencia. Ofreció su testimonio a los alumnos del curso; está también en mi blog, y lo incluyo en el apéndice 3. Los médicos no han podido encontrar una explicación a su caso.

* * *

He sentido y siento las ganas y la necesidad de poder compartir casos como los que he ido narrando con la comunidad médica. Quiero hacerles entender que hay enfermedades que residen en la multidimensionalidad del ser humano, de manera que es necesario conectar con el alma de la persona; deben saber que no todo es como se explica científicamente.

Por eso, experimento una enorme alegría cuando vienen médicos a los cursos; aprenden lo que es el toque zen y a tener una mayor comprensión de la multidimensionalidad del ser humano. Ya hay varios médicos que están trabajando muy de cerca conmigo, documentando casos muy reveladores que permitirán acreditar el trabajo que estamos haciendo con los *resets*. Espero sacar un libro con esos testimonios y que en un futuro podamos, conjuntamente, trabajar desde la holística (cuerpo-mente-espíritu) para crear una nueva medicina.

Quiero mencionar específicamente que contamos con la colaboración de Beisblany Maarlem, una doctora extraordinaria que, como mencionaba en el capítulo 1, tuvo su propia experiencia multidimensional. Precisamente ella está haciendo el seguimiento del caso de María Rosario.

Cuarta parte

TU CONEXIÓN CON EL ALMA

34

LA FLOR DE LOTO

Muchos me ven como una líder, como alguien que está llevando a cabo un trabajo, una misión incluso, en relación con el despertar de la conciencia. A menudo me ven rodeada de muchísimas personas... Esta realidad contrasta con la que vivo dentro de mi casa, donde disfruto de la soledad. Mi hogar es mi templo. Amo los ratos de soledad; para mí constituyen una bendición y los vivo con dicha. Los momentos en que estoy conmigo misma, en que estoy en paz y con la mente quieta, son un regalo para mí. Respiro con conciencia y voy adentro, mientras suenan los sonidos de la naturaleza que pongo de fondo. Cuando puedo, apago todos los dispositivos electrónicos que pueden constituir una distracción. En esos ratos, puede ser que mi hija esté paseando por ahí con sus amigas, o durmiendo apaciblemente en su cama.

Con los momentos de soledad busco retirarme del bullicio, del tráfico, de la gente, de los comercios. Porque lo necesito; necesito recordar qué hago aquí. Necesito estar conmigo misma, con mi alma. Necesito escuchar mi corazón y sentirme viva en el presente, lejos de las distracciones.

Esto es un regalo, porque le permite a uno conectarse con ese algo especial que tiene dentro. Algunos lo llaman Dios, otros amor, esencia, espíritu o alma... Es ese algo eterno que nos hace sonreír sin la necesidad de hablar. Este algo solo se puede encontrar desde la calma, cuando apartamos la mente y nos sentimos en paz y en armonía, en equilibrio con el universo, con la naturaleza, con nosotros mismos.

Por eso es tan importante tener paz en el cuerpo físico y en el sistema nervioso. Esto nos permite aquietar la mente y, después, llevarla a la nada. Cuando uno está en la nada, atraviesa ese vacío y tiene la oportunidad, en un solo segundo, de vivir la expansión de la conciencia, la fusión con la esencia, con el amor; o, si quieres decirlo así, con Dios, que eres tú dentro de ti, más allá de tu mente y de tu cuerpo físico.

Esta es la realidad que cada uno desea vivir desde su alma: sentirse el centro de su propio universo, independientemente de todo aquello que esté pasando fuera. La conexión con el alma se hace desde la calma. Ahora bien, si estás buscando tu silencio y ya eres una persona silenciosa, tranquila, calmada, no vas a encontrar el tipo de silencio que alguien con una vida ajetreada puede encontrar. La persona atareada disfruta dulcemente de ese silencio, porque constituye un contraste tan grande en relación con lo que vive en su vida exterior que cuando llega el momento del silencio, lo vive con sorpresa y gozo.

Así pues, quien vive en la sociedad, inmerso en el ritmo de la vida diaria, puede disfrutar del silencio de una manera mucho más evidente. En Oriente dicen al respecto algo que tiene mucho sentido, y es que el lugar perfecto para iluminarse, para llegar al despertar, no es la cima de la montaña, donde uno se ha aislado como un ermitaño. Porque allí la persona ya está en paz, ya está en calma, de modo que no hay tensión, no existe el contraste necesario. Por eso los orientales aseguran que lo ideal es estar en medio de la sociedad, si bien se trata de aprender a estar en la sociedad sin pertenecer a ella. Y hacen la analogía de la flor de loto que crece en un charco. Un ser despierto o iluminado es esa flor de loto que crece un poco por encima del nivel del agua, emitiendo un perfume delicioso, si bien solo puede crecer y regalar su perfume gracias a que se halla en un charco fangoso, maloliente. En Oriente nos invitan a ser esta flor de loto.

Para lograrlo, busca cada día tu momento de soledad, de paz, de calma, de quietud. Aunque solo sea durante cinco minutos, goza de este espacio personal tuyo. Retírate del bullicio, de la familia, de tus obligaciones y compromisos un rato cada día. Durante este tiempo, ponte a meditar. Puede ser que en una de estas meditaciones te encuentres contigo mismo, con tu esencia, con el Dios que hay dentro de ti. Tal vez conectes con tu alma y recuerdes el propósito de tu vida, lo que programaste antes de nacer. En cualquier caso, se trata de que estés aquí siendo tú mismo, siendo el Dios que hay dentro de ti. Puedes ser un faro, una luz que ilumine a otros con el ejemplo. Cuando llegues al punto de encontrarte a ti mismo, tu vida ya nunca va a ser igual. Aparecerá una versión actualizada de ti y te manifestarás desde la humildad, desde la sencillez, desde la alegría del niño interior que habrás recordado y despertado dentro de ti. Habrás regresado a la inocencia, a ti mismo. Habrás hecho la conexión con el alma.

35

EL DESAPEGO

En el camino de la espiritualidad, debemos practicar el desapego respecto de lo material. Esta es una de las lecciones importantes para que podamos llegar a tener una conexión con la parte más elevada de nosotros mismos.

Un hombre de negocios tuvo esta conversación con un maestro:

—¿Cómo puede una vida espiritual ayudarme en los negocios, ayudarme a ser mejor empresario?

—Te puede ayudar mucho a tener más.

—Y ¿cómo puede ser eso?

—Te ayudará a desear menos.

Ocurre que muchas personas, cuando empiezan un camino espiritual y comienzan a saborear la conexión, luego se pierden por la ambición. Empiezan a distraerse, a entrar en otro nivel, y utilizan la espiritualidad como manera de hacer negocio. Pierden lo que es la esencia de la espiritualidad.

No hay que negar la abundancia ni la riqueza material por el hecho de estar en un camino espiritual, pero cuando se aprende la lección de dejar de desear tener más de lo material, ese desapego hace que lo material venga hacia uno. Esto es así porque cuando eso sucede, todo está en equilibrio en cuanto a lo material, lo emocional, lo espiritual e incluso la salud. Todo se está reajustando de continuo para que haya un equilibrio en la vida.

Cuando se transita un camino espiritual, se comprende que tiene que haber un equilibrio a todos los niveles. Si uno practica el desapego y se entrega a los demás, incluso a nivel material, y multiplica su dar (por ejemplo, ayudando a otras personas que no disfrutan ni siquiera de un plato de comida al día), el beneficio de ello también se multiplica, y regresa a la persona que ha dado. Esto es así siempre y cuando haya dado con total desapego al resultado. Esa riqueza se convierte luego en riqueza de amor.

Uno siempre tiene que estar atento al motivo por el cual está dando. ¿Busca reconocimiento por su caridad?; eso sería caridad barata. ¿O bien, simplemente, desde la empatía y la compasión hacia los demás ofrece lo que tiene? En ese caso siente que tiene siempre lo suficiente. Incluso cuando uno tiene lo justo, si regala o da para ayudar a otras personas puede sentir satisfacción o paz en el alma por haber tenido ese gesto de generosidad, y observará cómo tarde o temprano regresa a él. Esa actitud generosa desemboca en una especie de magia de la abundancia que aparece asociada con un sentimiento de alegría y paz interior.

36

HERRAMIENTAS PARA CONECTAR

Ante todo, es importante tomar como referencia a esos seres que aún no se han complicado la vida (como los niños) o que la han simplificado (como los maestros o los ancianos). Una vez que tomamos la determinación de simplificar, de desaprender, hay métodos que nos ayudan a estar libres de la mente.

En el curso zen enseñamos una forma muy sencilla de meditar; es una manera de ir a la nada, al no pensar, al no estar presente. Se trata de una técnica opuesta a la de la respiración consciente, en que vamos precisamente al momento presente. En la respiración consciente afirmamos el «aquí estoy», mientras que con la meditación afirmamos el «no estoy».

Hacer esta meditación durante un período de entre cinco y treinta minutos al día supone un descanso de la rutina diaria. Hay días en los que resulta absolutamente imposible apartar la mente, pero al menos hay que intentarlo. Tras un corto tiempo de práctica (o después de varios años) puede ser que un día la mente haga «clic», que de pronto se desconecte y uno se encuentre inmerso en el vacío de la nada.

Hay personas que se sienten incómodas en ese estado, o tienen miedo, y regresan corriendo a lo que es la realidad en 3D; es como si se pellizcasen y se dijesen: «¡No quiero esto!; esta sensación desconocida de no pensar, de entrar en el vacío».

¿Cuántas veces nos hemos encontrado con alguien que está momentáneamente ido, en otro plano? Esa persona no está ahí, hasta que la llamas por su nombre o haces un ruido, y de pronto exclama: «¡Ay, perdón!; estaba en otro lugar». Y realmente es así. Tenemos que buscar la manera de desconectar, pero a conveniencia, en vez de accidentalmente. Muchos se quejan de tener demasiado estrés y ajetreo, y necesitan meditar más que nadie, para desconectarse de todo el drama y el caos de sus vidas.

La meditación es una práctica excelente para todos, con el fin de mantener un estado de equilibrio y un control del sistema nervioso. Es conveniente que uno se regale esa oportunidad de conectar con la nada, atravesarla y encontrarse con el todo.

* * *

Otra herramienta de conexión son los sueños lúcidos. Los sueños lúcidos son aquellos que te parecen absolutamente reales; son tan vívidos que es como si ni siquiera estuvieses dormido. Esos sueños son más fáciles de recordar, porque te hallas en un estado en que la transmisión de datos desde tu cuerpo mental hasta tu cerebro físico es mucho más perceptible.

Estos sueños no son lo mismo que los viajes astrales. En un viaje astral te proyectas completamente fuera del cuerpo, de forma voluntaria o espontánea, aunque es mejor que ocurra de manera natural, y no forzada. Cuando uno, sin tener ninguna experiencia al respecto, desea hacer un viaje astral, lo intenta y lo consigue, puede encontrarse con problemas. Porque puede ser que, en otra dimensión, algún alma o espíritu ambicioso esté esperando ocupar ese cuerpo que tú acabas de abandonar. Así pues, si se quiere realizar esa práctica a voluntad, hay que hacerlo con muchísima conciencia. En cambio, cuando el desdoblamiento astral tiene lugar de manera absolutamente espontánea, es otra cosa. Hay niños que lo experimentan de forma natural, como yo cuando era niña, y no tan niña. En estos casos, el guardián de cada cual, o el ángel de la guarda, protege ese cuerpo físico, para que nadie más lo ocupe.

Cuando quieres provocar el viaje astral, tienes un móvil para ello. Puede ser ambición de poder, de saber algo, de adquirir algún conocimiento, o puede haber segundas intenciones, como espiar a algún familiar o meterte donde no te llaman. En estos casos, lo normal es que te encuentres con problemas a la hora de regresar al cuerpo. Así pues, ojo con los viajes astrales, porque se trata de un asunto bastante delicado.

* * *

Los sueños y las meditaciones constituyen formas de acceder al propio «disco duro», y se puede hacer algo para recordar mejor su contenido. Para ello, ten una libreta y un lápiz o bolígrafo preparados a tu lado. Puedes estar tumbado o en posición de loto, pero tus pies no pueden tocar el suelo.

Antes de empezar a dormir o a meditar, pones la intención de recordar, y luego te haces una pregunta en relación con algo que quieras saber o con alguna información que necesites tener. A continuación cierras los ojos y durante ese tiempo de sueño, o esa meditación, tu cuerpo mental saldrá de tu cuerpo físico y viajará sin que importen el tiempo ni el espacio, a la velocidad del pensamiento. Durante ese tiempo en que esté fuera del cuerpo físico, el cuerpo mental buscará y acumulará información, y luego regresará.

En el momento en que despiertes o regreses, toma la libreta y el bolígrafo y escribe lo último que recuerdes, aunque solo sea una imagen, una palabra o una frase. Escríbelo, aunque sea con un ojo abierto y el otro cerrado. Al hacerlo, es como si tirases del hilo. Verás como de repente va saliendo toda la información, como cuando se hace escritura automática.

Al surgir la información de esta manera, a veces está muy desordenada, y en ocasiones parece que no tiene tan siquiera relación con lo que has soñado o con lo que has pedido. Pero con el tiempo todos esos datos e informaciones se irán acumulando y empezarán a tener sentido. Ese sentido podrá verse tal vez años más tarde; en cualquier caso, será cuando realmente lo necesites. En otras ocasiones, en cambio, la información que has pedido acudirá enseguida.

Mientras no pongas los pies en el suelo, puedes seguir con la transmisión de los datos. Sin embargo, cuando pisas el suelo, el cuerpo mental vuelve a entrar en el físico y sales de ese estado de semivigilia. Ahí deja de producirse la transmisión de datos y ya no puedes recordar el resto del sueño o de la experiencia, a no ser que durante el día veas algo que te recuerde aquello que has soñado o experimentado durante la meditación.

37

ADQUIRIR CONCIENCIA DE LA MULTIDIMENSIONALIDAD

Cuando me preguntan si hay vida después de la vida, siempre respondo: «Pregunta a todos aquellos que se han ido y han vuelto, o a los niños que tienen recuerdos de sus vidas pasadas». Estos niños describen lugares que reconocen en sus sueños, o los dibujan, y recuerdan nombres... He visto en YouTube vídeos en los que dan informaciones que después sus padres corroboran. Estos casos constituyen ejemplos muy simples del conocimiento que tenemos acerca de la existencia de vida después de la vida.

El mejor conocimiento lo adquirimos a través de la conexión con la propia alma, cuando tenemos una expansión de conciencia o recibimos, en sueños, respuestas a las preguntas «¿quién soy?», «¿por qué soy así?», «¿por qué tengo relación con estas personas de mi entorno?», «¿por qué es esta mi familia; quiénes son?». En algunos vídeos y en el libro *El reset colectivo* explico mi relación de vidas pasadas con la que llamo «mi hermana kármica». A veces queremos saber por qué nos sentimos atraídos hacia una persona y en otras ocasiones, si la persona nos produce rechazo, preferimos no saber la relación que tuvimos con ella.

Puedes comenzar a investigar a través de tus sueños o meditaciones. En otras ocasiones ocurre que abres un libro y empiezas a reconocer historias, o lugares, o una música... Ese algo te suscita sensaciones y emociones, y no sabes por qué. Puede tratarse de una persona, una casa, un color, un olor, un paisaje... Todo esto tiene relación con vidas pasadas, así que hay que mantener la mente abierta. Si conectamos con la frescura y la inocencia de los niños, podemos hacer esas conexiones.

Hay gente que me dice: «Suzanne, tú eres irlandesa; ¿sabes que me encanta tu país? Me encanta la música; me transporta. Siempre me he sentido muy celta; me fascina la ropa que llevan, los bailes tradicionales, y no sé por qué será». Y me miran con un cariño especial, como si me sintiesen muy cercana solo por el hecho de ser irlandesa... cuando de hecho llevo más tiempo en España que en Irlanda.

38

GEMELOS Y ALMAS GEMELAS

La sensación de encontrarte con un alma gemela es la de reconocer y sentir a una persona a quien amaste intensamente en una vida pasada. No hay una sola alma gemela, desde el momento en que llevamos ochocientos millones de vidas a cuestas.

Esto no tiene nada que ver con los gemelos. Cuando nacen dos o más bebés juntos, sean iguales o no —es decir, sean gemelos o mellizos, o trillizos, cuatrillizos...—, ello obedece a un pacto que contrajeron antes de nacer, incluso antes de la concepción. Han acordado pasar esta vida juntos, pase lo que pase. Es un tema de conexión entre almas, que perdura durante toda la vida. En el caso de que uno tuviera un accidente y muriera, no puede marcharse de este mundo antes de que fallezca su hermano gemelo. Tiene que mantenerse con él, como fiel compañero, en virtud de su pacto. Naturalmente, el hermano fallecido estará en la otra dimensión, pero no abandonará el plano terrestre.

Es muy importante que los gemelos lleven una vida conjunta con conciencia. Tienen que saber que han venido a estar juntos con un propósito. Es importante que conserven la armonía entre ellos, así como el contacto físico, esa relación entre hermanos muy especiales. Muchos expresan que tienen una conexión, que saben el uno del otro incluso en la distancia. Aunque su aspecto físico sea el mismo, presentan caracteres totalmente distintos, y cada uno trae su camino de vida. Pero tienen el pacto, de alma a alma, de esperarse el uno al otro, en la vida y en la muerte.

39

¿QUIERES SER DONANTE?

Son curiosos los casos de todos aquellos que reciben una transfusión de sangre, un órgano o un miembro de otra persona fallecida. De alguna manera, la información que hay dentro de esos tejidos o de esa sangre contiene el todo del alma del donante.

Se han visto casos en los cuales la persona receptora de ese órgano o de esa sangre adquiere aptitudes de la persona donante. Es muy importante tener en cuenta esto si uno quiere donar, tras morir o en vida (como cuando se dona un riñón o sangre). El donante debe hallarse en una alta vibración, para que sea esto lo que reciba el receptor.

Se han visto casos en que, de repente, la persona que recibe el órgano empieza a mostrar aptitudes artísticas que jamás había tenido en su vida. Al investigar se ha descubierto que el donante era un gran artista y que, por ejemplo, sabía dibujar o pintar muy bien. Y de la misma forma, ha habido personas que han salido del hospital con el carácter transformado a peor, por haber recibido un órgano o sangre de alguien que les ha transmitido su baja vibración.

Es muy importante tener esto bien presente si se quiere gozar de una buena evolución: quien dona un órgano es responsable de cualquier manera en que pueda afectar vibratoriamente a la persona que lo reciba. Si se transfiere una baja vibración, se es responsable a nivel kármico de lo que le pueda suceder a esa persona. Es conveniente, pues, poner una actitud amorosa en esos actos; hay que realizarlos desde el amor incondicional y no con la intención de hacer negocio.

En algunos países la gente vende sus órganos o su sangre por dinero, y hay que tener cuidado con este tipo de actos. Lo mismo debe decirse en relación con la venta de espermatozoides y óvulos. En todos estos casos se puede estar transmitiendo ambición y bajas vibraciones a otras personas. Así pues, la donación implica una responsabilidad muy grande. Conviene cultivar la propia vibración con el fin de donar lo mejor de uno, para una alta evolución para uno mismo y para el receptor.

40

FAMILIARIZARSE CON LA MUERTE

Si se vive en paz, se muere en paz. Es importante que uno vaya a su destino tras su muerte, en vez de quedarse por aquí. Esta transición la preparamos durante toda nuestra vida. Para ello debemos tener la conciencia correcta a la hora de la muerte, saber que sí que hay algo más.

Cuando uno no toma conciencia de que hay vida después de la vida, se muere con miedo, miedo a lo desconocido, a lo que habrá después, a perderse, a un posible juicio... Ese desconocimiento produce inseguridad cuando llega la hora final. Pero hemos muerto ya ochocientos millones de veces. Así pues, deberíamos hacer el tránsito en paz, reconociendo que todo está bien, incluso la muerte.

Lo importante en ese proceso es que sepas que, cuando respires por última vez, algún familiar o algún conocido te vendrán a buscar. Pero más vale que esas personas estén en alta vibración. Si están en baja vibración, significa que no han ido a su destino. Se han quedado rondando por aquí, y si tú te vas con ellas, también te vas a perder. De esta manera, los familiares se van juntando y crean su propia realidad en otra dimensión, pero no en su destino.

Para poder irse a su destino, tienen que irse en paz y con la convicción de que existe algo más allá. Cuando llegan adonde les corresponde pueden programar su próxima vida y decidir hacia dónde quieren ir. Y hay muchas opciones en el conjunto del cosmos...

41

PUNTOS DE CONEXIÓN

Sintetizaré a continuación los principales puntos que se deben tener en cuenta para lograr la conexión con el alma.

- Para poder conectar con el alma, lo primero es creer que es verdaderamente posible hacerlo. Apunta en una libreta: «Voy a conectar con mi alma», o, si lo prefieres: «Conecto con mi Ser».
- Haz una depuración del cuerpo físico; límpialo de toxinas. Para ello, come menos o haz una monodieta, o un ayuno. Durante el ayuno, bebe solo agua o bien toma, exclusivamente, zumos y caldos vegetales. De esta manera, escucharás más a tu cuerpo. Estar atento a cada cambio que tiene lugar dentro del propio cuerpo físico es el primer paso para ser una persona atenta en el presente.
- Antes de acostarte por la noche, ponte la intención de salir de tu cuerpo con el fin de viajar para encontrar

las respuestas o la manera más adecuada, más rápida y más fluida para ti de conectar con tu Ser.

- Antes de meditar, invoca a tu Ser. No hace falta invocar a nadie más. La conexión más elevada para ti es la que puedes establecer contigo mismo. Se trata de que conectes con lo más elevado dentro de ti para que puedas acceder a la versión más elevada de quien eres realmente. Primero pon la intención en esta conexión, y luego olvídalo. Se trata de apartar la mente y no intentar conseguirlo, sino dejar que fluya de forma natural. Si tenemos la imperiosa necesidad de ver un resultado, ya lo hemos bloqueado; por lo tanto, hay que soltar y dejar que la experiencia tenga lugar por sí sola.

- Tómate tiempo para ti. Date un tiempo de calidad en que desconectes de tus tareas, obligaciones y compromisos. Regálate ese tiempo tan necesario para estar en calma, en paz y en silencio. Si puedes, da un paseo por la naturaleza. Si no puedes concederte este tiempo fuera de casa, desconéctate de todo lo que pueda distraerte (los teléfonos, Internet, la televisión...) y recógete.

- Incorpora a tu rutina diaria entre cinco y diez minutos de meditación o relajación. Si no has aprendido ninguna técnica, puedes sentarte en silencio en una silla o en un sillón, o bien tumbarte en el suelo, en el sofá o en la cama (no importa dónde; lo importante es que te aísles de los demás). En esta postura, respira profundamente y cierra los ojos. El hecho de estar en la nada constituye una invitación, para la mente, a no pensar. Al menos durante esos cinco o diez minutos, aparta a un lado todo aquello que pueda estar perturbando tu mente. Libérate de tus preocupaciones; olvídate de compromisos y tareas, de la familia, la compra, el trabajo, la hipoteca... y escucha el silencio. También puedes escuchar los latidos de tu corazón, o el tictac de un reloj... Una manera de estar intensamente en el silencio es imaginarte que ha entrado un león en tu cuarto y estás escondido en un armario. Casi ni respiras, porque no puedes permitir que el león oiga ni un crujido de la madera del armario, ni un latido de tu corazón, ni una respiración... Estás total y absolutamente quieto, parado, atento, presente. Tan pronto como percibas algo diferente en el ambiente, como si alguien (una presencia etérea) hubiese entrado en la habitación, pregúntale mentalmente: «¿Quién está ahí?». Siente a tu Ser e invítale a que te hable, pero no esperes nada; la comunicación puede consistir en algo tan sencillo que ni te imaginabas que pudiera ser tan simple.

- Cualquier actividad que te pueda llevar a un estado de gozo, de placer, de relax... te sitúa en un estado previo ideal para conectarte con tu Ser. Esta actividad puede consistir en escuchar una música que te guste mucho, mirar fotos de momentos felices del pasado, hablar con un ser amado, realizar alguna actividad artística que te guste mucho, leer, practicar algún deporte... Tiene que ser algo que te provoque una sensación de gozo. Incluso te puedes dar permiso para deleitarte con un capricho, con algo que consideres

un «pecado», como ese helado de chocolate, ese dulce que tienes guardado para esa ocasión especial... ¡La ocasión especial puede ser ahora! Disfrútalo, saboréalo, compártelo con una persona que desee vivir esa experiencia contigo.

• Se puede realizar el siguiente ejercicio en pareja: os sentáis uno delante del otro y os miráis a los ojos sin apartar la vista, sin hablar, sin gesticular. Tan solo se trata de mirar, sentir, fluir y dejar pasar aquello que tenga que pasar. Puede ser que logres conectarte con el Ser de la otra persona o con tu propio Ser.

• En tu interaccionar diario, entrégate a cada ser humano que te encuentres con una sonrisa, con una mirada. Atiende sus palabras sin apartar la mirada, con una dulce sonrisa, siendo receptivo. Cuando lo sientas, di aquello que te nazca en el alma; aporta esas palabras que de pronto lleguen a tu mente. A veces se trata de algo tan simple como decir algo bello de esa persona, como que la ves hermosa, o que le sienta bien la blusa que lleva, o su peinado, o el color de su sombra de ojos... También puedes decirle que la amas, o que te ha hecho feliz haberte encontrado con ella; o puedes agradecerle su presencia o amistad... Haz que esa persona se sienta especial.

• Observa cada día cómo te sientes en presencia de los demás. Comprueba si eres una mejor persona al estar con otras que se cruzan en tu camino cada día. ¿Te gusta cómo eres? Cuando estás con tu familia, con tus amigos, con tu pareja, con tu jefe, con tu adversario, puedes decirte a ti mismo: «Me gusto; me gusta cómo soy cuando estoy contigo». Puedes decírtelo por dentro o en voz alta; puedes mirarte al espejo y decirte: «Me amo», «Me gusto», «Estoy a gusto conmigo mismo».

- Inspírate en las personas que conservan intacta su conexión con el alma. Recuerda que los niños son grandes maestros, particularmente antes de que hayan sido objeto del condicionamiento social al que se ven sometidos.

- Antes de acostarte cada noche, o en la misma cama, da las gracias por tu día. Dale las gracias a tu Ser por haberte acompañado en todos tus pensamientos, palabras y actos de la jornada. Da las gracias por haber vivido la experiencia de estar un día más en la Tierra para evolucionar, crecer y compartir con otras personas, de Ser a Ser.

- Cuando te despiertes por la mañana, da las gracias por seguir vivo. Invita a tu Ser a que te acompañe para poder ser la versión más elevada de quien eres realmente. Invócalo y entrégate a él; delégalo todo a tu Ser; dale permiso para que te guíe conscientemente; atiende a todas sus pistas a lo largo del día. Acepta todo lo que ocurra como el camino mejor, más directo y más adecuado para que puedas evolucionar conscientemente a cada instante.

- Todo puede ser muy fácil y todo puede ser muy difícil, según lo que elijamos. Elige lo mejor para ti, y que ello sea en beneficio de toda la humanidad y de una evolución más elevada. La sencillez y la humildad son la clave para una vida más fácil; más fácil en el sentido

de que te permiten avanzar de acuerdo con la ley del mínimo esfuerzo, fluir con lo que vaya surgiendo de forma natural, sin que tengas la necesidad de intentar cambiarlo, esforzarte o ir a contracorriente. Todo aquello que implique conflicto y tensión es una vía hacia la complejidad, la confusión, la distracción y el sufrimiento.

- ¡Ríndete a tu Ser! En la multidimensionalidad, fuera de todas las distracciones de la vida, tu Ser podrá indicarte mucho mejor cuál es tu camino. Él te guía siempre hacia el amor, hacia la bondad, hacia la sencillez y la humildad. Este es el camino del verdadero Ser. En este camino podrás integrar tu Ser con tu personalidad física y lograrás ser tú mismo con todas las consecuencias, libre de apegos y lleno de amor.

Apéndice 1

EL CAMINO DE REGRESO A CASA

La experiencia multidimensional de la doctora Beisblany Maarlem

Mi nombre es Beisblany Maarlem y soy médica con especialidad en medicina del deporte.

El pasado 20 de mayo tomé el vuelo TP58 en Brasilia con destino a Portugal, desde donde tomaría otro vuelo hacia Madrid. Me dirigía a España para realizar el curso zen que se impartiría en Sevilla por la Fundación Zen, con Suzanne Powell, los días 22, 23 y 24 del mismo mes. Quería asistir al curso porque sentía curiosidad por todo ese mundo espiritual o energético; sentía admiración por las personas que trabajaban en ese *despertar*, como lo llaman, y ayudaban a otros. Había visto por Internet el Symposium de Médicos y Sanadores, en el cual también dio una conferencia Suzanne, y me pareció algo maravilloso y armónico llegar a tener la capacidad de ayudar a mis pacientes no solo en el nivel físico de la enfermedad sino más allá, buscando la raíz verdadera de su problema para intentar solucionarlo. Por ese motivo y por una fuerza en mi interior que sentía superior a mí, compré los billetes de avión y me dispuse a viajar a España para realizar el curso zen.

Mientras estaba en el avión (no sé qué hora sería, pero fue justo después de cenar) me acerqué a la ventanilla y empecé a mirar hacia el cielo... buscando respuestas. Le pedí a Dios o a quien estuviera allí arriba que me diera una señal de que me hallaba en el camino correcto, de que no me estaba dejando llevar por una fantasía... Recuerdo que miraba las estrellas y dije: «Como estoy más cerca del cielo, ahora me tenéis que escuchar», y sonreí. Me di cuenta de que la señora del asiento de al lado me miraba con cara rara, tal vez por verme sonriendo sola y mirando tanto tiempo por la ventanilla. Pero eso no me importó y continué pidiendo respuestas o alguna señal. Tenía la sensación de que me estaban escuchando, así que pregunté desde lo más profundo de mi corazón: «¿DE VERDAD ESTÁIS AHÍ...?». Y de repente vi lo que creí que era una estrella fugaz enorme, que tardó varios segundos en desaparecer, que a mí me parecieron eternos por todos los detalles que pude apreciar. Su luz cambiaba de color, como los colores del arco iris, y luego desapareció.

Comprendí que aquello era una respuesta a la pregunta que había formulado anteriormente, así que pedí otra señal. Hablé desde el corazón y sin usar los labios, por dos motivos: primero, porque la señora que estaba sentada a mi lado acabaría de pensar que estaba loca, y segundo, porque probablemente mi mente científica no se conformaba solo con ver una estrella fugaz que parpadeaba con luces de colores. Así pues, dije: «¿PODRÍAIS HABLAR CONMIGO...?» mientras estaba recostada en la ventanilla de perfil mirando hacia el firmamento.

Entonces vi que había un rostro en mi ventana. Al principio pensé que era mi reflejo, pero este debía mostrarme de perfil por la posición que tenía yo en ese momento; sin embargo, aquel rostro estaba justo de frente. Así que me incorporé y lo miré fijamente. Era como si hubiera un rostro en primer plano en la pantalla de un televisor.

Sus ojos llamaron toda mi atención. Eran grandes y oscuros. No eran los ojos claros, azules y cristalinos que a lo mejor estaba esperando (lo digo por las imágenes de ángeles y seres galácticos que se ven por Internet). Eran unos ojos completamente uniformes, sin iris; solamente consistían en una gran pupila. Curiosamente, no sentí miedo. Supongo que debería haberlo sentido, pero cuando miraba esos ojos, sentía paz, cariño, afecto... Era una sensación que no puedo describir con exactitud. Pensé: «Me estoy volviendo loca», y él respondió: «No es así». Volví a pensar: «Ahora escucho voces en mi cabeza con total claridad. Sé con certeza que no soy yo, pero a lo mejor es mi mente... Confirmado: estoy loca». Entonces escuché, mientras continuaba mirando aquel rostro: «No es tu mente; es la mía. Yo puedo escuchar lo que piensas y tú escuchas lo que pienso yo».

Prosiguió diciendo: «Soy Gentic de Arian», y me mostró una estrella que estaba a mi derecha. Después añadió: «Pero ahora estoy en la constelación Caspert», y dirigió mi atención hacia un grupo de estrellas que quedaban a mi izquierda.

Volví a pensar: «Esto es un sueño o me estoy volviendo loca...». Él respondió: «No lo es, y para que te lo creas, saca un lápiz y escribe». Dudé y él repitió, enérgica pero dulcemente: «Vamos... Escribe...». Abrí el bolso que tenía debajo del asiento, saqué una libreta y comencé a escribir lo que me había dicho. Incluso conseguí dibujar la posición de ocho de aquellas estrellas que formaban parte de su constelación.

Le señalé: «Entonces, tu hogar no está muy lejos».

Respondió: «A miles de años luz de Terra». (Comprendí que al decir Terra se refería a la Tierra). Continuó diciendo: «Una vez estuvo en oscuridad, pero queremos la paz en la galaxia y el universo». Y volvió a proyectar algo en mi mente, pero esta vez la imagen no correspondía con lo que me estaba diciendo (vi su cuerpo como flotando en la nada oscura. Era muy parecido al cuerpo de un hombre, pero sin genitales y de piernas algo alargadas para su proporción anatómica, al igual que su cabeza) y siguió hablando: «Humanoide de ojos grandes». Su tono era algo jocoso, y comprendí que era como él entendía que lo vería yo.

Al observar que miraba con especial atención las características de sus miembros inferiores, me dijo: «Hay seres que no tienen extremidades en otros mundos». Y me proyectó la imagen de unos seres que tenían una anatomía muy parecida a la de él pero sin extremidades. En mi mente retumbó la palabra *OVIXS* (no sé si era el nombre del planeta o de la especie). Aquellos seres iban levitando a unos cincuenta centímetros del suelo, de un lado a otro, con una velocidad que a mí me parecía estresante, pero curiosamente emanaban tranquilidad y felicidad absoluta. No sé por qué me recordaron a las personas con síndrome de Down. No le vi relación, pero preferí no cuestionarlo.

Me sentí un poco confundida, porque la voz que escuchaba era masculina, si bien tenía una dulzura femenina. Y su rostro me parecía masculino pero su mirada era femenina. Así que pregunté: «¿Eres un ser masculino o femenino?».

Respondió: «No es importante». Y me miró de una manera diferente. No decía palabra alguna en ese momento, pero su mirada me decía que debía prestar mucha atención.

Después dijo: «La Tierra pasa por un período de oscuridad, justo antes del amanecer del despertar... Debéis recordarlo. Tenéis que ayudarla amándola y amándoos los unos a los otros».

Continuó: «El automaltrato no es bueno». Y a continuación volvió a proyectar otra imagen en mi mente de lo que creo era o es su mundo, en el que predominaban los colores verde y blanco. (El suelo, en vez de marrón, era verde y las construcciones, de un blanco intenso que deslumbraba. Había matices de otros colores en menor proporción, que no sabría describir).

Tienen una emperatriz... La vi de perfil pero supe con certeza que era mujer y que era quien lideraba en aquel lugar. Se llama Amshapk (este fue el nombre que resonó en mi cabeza cuando la vi que miraba, no con superioridad sino con amor y protección, a aquellos de quienes se sabe responsable).

Vi a un grupo de ellos, que, como Gentic había descrito, eran de aspecto humanoide y de cabeza grande. Jugaban a algo que parecía alguna práctica deportiva y se veían felices.

Luego volvió a presentarse su rostro a través del cristal y me di cuenta de que todo aquello lo estaba viendo a través de sus ojos. Volví a mirar el conjunto de su rostro y le pregunté: «¿Quién eres?».

Su respuesta fue: «Soy una especie de patrullero que va por diferentes galaxias del cosmos».

Y oí retumbar en mi cabeza las siguientes palabras:

«VOSOTROS SOIS NOSOTROS».

«VOSOTROS SOIS NOSOTROS».

«VOSOTROS SOIS NOSOTROS».

Interpreté que tal vez quería decirme que al ayudarnos a nosotros se ayudaban a ellos mismos. Después volví a ver en su rostro esa mirada de «guarda silencio y presta atención». Y dijo: «El universo está dentro de vosotros; ¿por qué lo buscáis fuera? La abundancia, el amor, la felicidad, lo que constituye el universo, está dentro de vosotros, incluso el mal…, pero el mal no existe tal y como vosotros lo proyectáis, sino que es simplemente una proyección de lo que "es" y de lo que "no es", de lo que "tiene que ser" y de lo que "no tiene que ser", de lo que puedes escoger hacer o de lo que "no escoges"».

Lo miré con cara de contrariada y dijo: «BUSCA DENTRO DE TI Y HALLARÁS LA RESPUESTA A TODO».

En ese momento sentí que se estaba despidiendo. En lugar de su rostro veía proyectado un objeto, y me dijo: «Es un presente para ti». Era un colgante, un medallón con forma de mariposa que se reproducía una y otra vez, una y otra vez dentro de ella misma. Era de algún tipo de metal plateado muy liviano, fino y muy brillante, con un cordón oscuro hecho de un tejido que parecía vegetal.

Dijo: «Cuando veas mariposas cerca, piensa en…». No oí lo siguiente, así que pregunté: «¿Pienso en qué, en quién…?».

Esta vez la respuesta fueron solo tres palabras. Más que sonar solo en mi cabeza las sentí también en mi corazón, acompañadas de una sensación que solo puedo comparar con el amor incondicional y una enorme pureza... Eso fue lo que sentí al escuchar la respuesta: «Mis hermanos cósmicos».

Aquella sensación de amor incondicional pensé que solo era comparable al amor de una madre por sus hijos (esta vez no estaba preguntando, solo hice la comparación). Y en ese momento surgió en mí el interrogante: ¿ellos tienen hijos...?

La imagen del rostro de Gentic ya había desaparecido y yo solo veía el inmenso cielo oscuro lleno de estrellas. Pero tal vez para que me diera cuenta de que a pesar de que ya no podía verlo él sí podía escucharme, respondió a mi pregunta: «Sí, tenemos hijos, pero nuestra forma de reproducción es diferente a la vuestra. Todos somos madres de todos y todos somos padres de todos».

Luego hubo un silencio absoluto y comprendí que se había marchado. Así que le di las gracias por todo lo que había compartido conmigo y guardé la libreta en el bolso. Al incorporarme, me di cuenta de que la señora del asiento de al lado me miraba con cara rara y ahora el señor de atrás también..., así que les brindé una sonrisa, me tapé con la manta y me hice la dormida, hasta que de verdad me dormí.

El resto del trayecto transcurrió sin mayores incidencias, hasta que sentada en el AVE, unas dos horas después de haber salido de Madrid, de repente vi una mariposa posada en mi ventana... La miré con asombro y la chica que tenía al lado también, puesto que es imposible que una mariposa se mantenga en el cristal de un tren que viaja a tan alta velocidad... Entonces recordé las palabras de Gentic: «Cuando veas una mariposa, piensa en tus hermanos cósmicos». En ese momento sonreí, cerré los ojos y me quedé dormida, sintiendo mucha paz, y sin interés alguno en ese momento de seguir cuestionándome más. Sabía que era real.

Llegué a Sevilla y asistí el primer día al curso zen. Estaba a la expectativa; no quería entregarme a la ligera. Pensaba: «Lo de los hermanos cósmicos es una cosa, pero este curso va de energías zen para la curación o algo así...». Y me preguntaba: «¿Aprenderé aquí a usar una herramienta de trabajo que de verdad pueda ayudarme a mí misma y a mis pacientes...?». Pensé que tal vez estaba bloqueada, así que decidí hacerme un *reset* y esperar a ver qué pasaba. Al llegar al hotel donde se hacían los *resets,* vi que estaban firmando libros. Yo no había visto ni leído los libros de Suzanne. Me acerqué, pedí uno de cada y fui a la sala contigua a esperar mi turno para el *reset.* Al sentarme empecé a leer los títulos de los libros y me llevé una sorpresa mayúscula al ver la portada del segundo libro (*Atrévete a ser tu maestro*). Era una mariposa con un medallón encima... Era la tercera mariposa en menos de cuarenta y ocho horas... En ese momento supe que la divinidad, o el universo, estaban dando respuesta a mi primera pregunta: «¿Estoy en el camino correcto?». La respuesta era: «Sí».

Quería terminar estas líneas con esa frase: «Estoy en el camino correcto», pero algo o alguien me hace sentir con mucho amor que la frase no es que estoy en el camino correcto, sino más bien que «estoy en el camino de regreso a casa».

Gracias, Suzanne, por la enorme y bella labor que estás realizando por el bien y por amor a nuestra humanidad.

Gracias, Hermanos Cósmicos, de dondequiera que seáis y dondequiera que estéis, por acompañarnos en este proceso.

doctora Beisblany Maarlem Castillo
Sevilla, 23 de mayo de 2015

Apéndice 2

UNA OPERACIÓN MULTIDIMENSIONAL

El increíble testimonio zen de Carlos y su operación
multidimensional a los seis años

Hola, hermosa Suzanne:
Es la primera vez que contaré mi historia en detalle (comenté una pequeña parte durante el curso zen). Gracias por darme la oportunidad de compartirla en tu blog.

A los seis años de edad tuve un accidente; me atropelló un coche. A causa de este accidente, tuve la oportunidad de morir y volver. Fuera del tiempo y el espacio, entré en una dimensión que era como una especie de túnel con una luminosidad increíble. Observé que había otros seres, pero los veía de forma borrosa. En esas, me giré para otro lado y vi un señor calvo, de edad considerable, que me mostró una gran sonrisa y de una manera muy desapegada me dijo: «Vete de aquí; aún no tienes que estar aquí. Tú lo sabes...». Al mismo tiempo, sentía mucha paz y armonía en esa dimensión, y quería quedarme.

Atravesé un portal que me succionó; fui directo hacia mi cuerpo. Por el camino, giraban a mi alrededor unos hermosos seres de luz que yo llamo ángeles. Abrí los ojos y vi mucha gente a mi alrededor.

Después comencé a sentir dolor en todo el cuerpo y vi las miradas de asombro y tristeza de los presentes. Me llevaron al hospital con urgencia y los médicos agachaban la mirada, como diciendo: «¡Pobre chico!». En ese momento me desmayé. Estaba muriendo otra vez. Mi cuerpo estaba perdiendo la capacidad de seguir funcionando. Tenía costillas fracturadas y un gran daño en los riñones, no tenía sensibilidad en la cadera, tenía el cuello fracturado y un enorme agujero en la cabeza, donde me habían puesto un vendaje para que no me desangrase. Me enteré de esto porque después del desmayo salí de mi cuerpo y observé todo eso desde otro plano dimensional. Ahora bien, sabía que tenía que volver, así que pedí ayuda. Lo que os contaré a continuación os parecerá alucinante.

Aparecieron tres seres. Dos de ellos eran solamente bolas de energía, pero dotadas de conciencia, y el otro era un ser calvo muy luminoso, que tenía una mirada almendrada muy penetrante. Era muy parecido al señor que había visto en el túnel, pero ahora era luminoso, alto y tenía las manos largas. Me dijo: «Vuelve a tu cuerpo». Abrí los ojos estando ya dentro del cuerpo y observé cómo una luz cálida recorría mi rostro. Su mano no estaba tocándome. Sentí mucho amor, esa energía de la que está hecho todo, y ¡pum! El trabajo estaba hecho. Me quedé dormido para recuperar energías, muy agradecido.

Cuando desperté, los médicos me preguntaron quién me había operado, porque nadie había dado aún la autorización, y se supone que una intervención de cirugía plástica reconstructiva dura algo de tiempo. Pero todo había sucedido en cuestión de solo diez minutos, cuando me dejaron a solas para hacer los preparativos para la operación. Así pues, nadie en todo el hospital se enteró de lo que había ocurrido. Cuando me preguntaron, dije que había sido una persona blanca quien me había operado.

Percibí a esos seres tanto femeninos como masculinos en ese momento, pero hay que recordar que la Fuente es de esencia femenina. Todos me decían que era un milagro y se preguntaban si había sido obra de la Virgen María. Yo sabía que no pero decidí guardar silencio, porque aún no estaban preparados para oír la verdad.

Esos seres me practicaron una reconstrucción increíble. Incluso me insertaron una especie de placa para reforzar la zona craneal y me cosieron la frente. Pasé una temporada estupenda en el hospital; recibí regalos, mimos y abrazos. Me dieron de alta a los ocho días. Mi recuperación fue muy rápida.

Años más tarde caí en una depresión, pero apareció un vídeo de Suzanne Powell en el cual hablaba del karma. Al escucharla comencé a recordar muchas cosas. Tenía que ponerme a trabajar conmigo mismo para volver a encontrar el equilibrio y empecé a practicar la meditación. Respiraba con mucho gusto y agradecía absolutamente todo lo que tenía, lo que hacía y lo que recibía, y me dije: «Algún día conoceré a esta señora irlandesa para darle un fuerte abrazo y las gracias».

Llamé a Suzanne a mi realidad porque algo resonaba en mí al escucharla. Fue entonces cuando decidí ir al curso zen y recibir el regalo del *reset*. Me lo regaló Cristina, un alma maravillosa de mirada sensible y amorosa, y logré sentir mi sistema nervioso en paz y equilibrio en mi ser. ¡¡Gracias, Cristina, hermoso ser de luz!!

Lo más fuerte de todo fue que, estando en el curso, Suzanne mostró un retrato del fundador de la técnica zen, y me impactó verlo: ¡era el mismo señor que vi el día en que morí, a los seis años de edad, el que me auxilió tomando otra forma más luminosa para entrar en 3D!; fue mi guía y mi protector en esta vida, que me encaminó a recibir este enorme regalo a través de Suzanne Powell, mujer maravillosa a quien amo y respeto de corazón.

En la última meditación del curso recibí un mensaje del fundador y pensé que tenía que decirlo en público antes de que terminara el curso, pero solo lo compartí con Suzanne al final. El mensaje fue: «Suelta el ego, olvida el pasado, no pienses mucho en el futuro y vive tu presente vibrando en la frecuencia del amor. Porque el amor es lo único que existe; lo demás es solo una ilusión. Sé y deja ser. Disfrútalo».

Gracias, Suzanne Powell y compañeros zen, por formar parte de mi realidad/su realidad. Gracias por formar parte de la película de mi vida. El pronóstico de los doctores era que tal vez no pasaría de los dieciocho años, por el daño cerebral que había sufrido, y ya tengo más de veinte. Aprovecharé este hermoso regalo que he estado esperando. Hoy me siento más vivo que nunca. Recordé lo maravilloso que es morir y desprenderse. La muerte no existe; siempre nos transformamos, en todo momento. Todos vosotros sois los ángeles que le pedí al universo disfrazados de humanos.

Este es mi testimonio, mi versión de la realidad. Recordad que al final, al principio de todo y en el proceso, «TODOS SOMOS UNO». Gracias infinitas, Suzanne. Seguimos disfrutando y cocreando juntos. Este regalo lo aprovecharé al máximo. Siempre te tendré en mi memoria y en mi corazón. Un fuerte abrazo de luz a todo aquel que lea mi historia y al que no también. Me siento lleno de gratitud. La vida es un milagro y un regalo divino a la vez.

Namasté.

Carlos René Roux

Apéndice 3

TOQUE ZEN DE EMERGENCIA

Gracias al toque zen de emergencia, María Rosario despertó de su coma. He aquí su testimonio:

Agradecimiento a Suzanne Powell en Sevilla

Soy alumna del curso zen que acaba de celebrarse en Sevilla y voy a tratar de transmitir la experiencia personal de la que he podido beneficiarme.

Se han cumplido cuatro meses del alta del último ingreso, de los tres hospitalarios que he tenido entre febrero de 2014 y enero de 2015, y he tenido la oportunidad de hacer este curso con Suzanne. He ido al curso con un objetivo muy concreto: agradecer el beneficio recibido en dos ocasiones (el 8 de febrero de 2014 y el 12 de enero de 2015) cuando, en ambas fechas, me encontraba en coma, esperando solamente el final... Después de realizarme los médicos todo tipo de pruebas, pero sin saber el porqué de mi situación, y hacer cuanto estuvo en sus manos para salvarme la vida, hallándome pues en este estado desesperado, tuve la «suerte» de que una amiga mía, que había asistido a este curso hacía dos años, me hizo el toque de emergencia en las dos ocasiones, de tal manera que empecé a recobrar la conciencia y la movilidad.

Hoy, todavía no han encontrado una explicación a la forma en que entré en coma, y menos aún a cómo salí de ese estado. En mi opinión, la raíz de la situación estaba en una enfermedad de la piel que padezco desde los quince días de nacimiento, que he tratado de ocultar durante toda mi vida. Después de cumplir los sesenta años, llegué a la conclusión de que ya había sufrido bastante y estaría bien que a los setenta me muriera; así dejaría de padecer aquel problema que empeoraría con los achaques de la vejez. Viví a diario estos pensamientos negativos y estos miedos, y esperaba un futuro catastrófico. Pensaba en lo peor y dejaba de vivir el momento, el aquí y ahora, el presente, que es lo único que tengo...

Cuando me di cuenta, a través de la información que me llegaba, del daño que me estaba haciendo, intenté cambiar de rumbo y comencé a hacer conscientes todos estos pensamientos y vivencias. Creo que he sufrido las experiencias del coma a causa de esta lucha. Por otra parte, siempre buscando lo positivo, ha constituido un aprendizaje, de los muchos que nos da la vida a todos.

Nuevamente quiero reiterar a Suzanne mi agradecimiento por transmitirnos ese optimismo, seguridad y alegría, así como su entrega y sencillez, a tantas personas a las que, como a mí, hará tanto bien.

María Rosario Bernal
Sevilla, 31 de mayo de 2015

Enhorabuena, Rosario, por ser alumna zen y por tu testimonio tan increíble y maravilloso. ¡Compartimos tu alegría e ilusión por seguir viviendo, ahora más consciente del regalo!

Apéndice 4

TOQUE MÁGICO... BEBÉ EN CAMINO

En Madrid... (16 de junio de 2015)

Querida Suzanne:

Soy alumna zen desde el año pasado, cuando oí por primera vez hablar del toque mágico.

Por aquel entonces ya estábamos planteándonos que había llegado el momento de ampliar la familia y llevábamos un par de meses intentándolo, sin ningún éxito.

Después de casi un año, he tenido la suerte de poder asistir a otro curso tuyo en Madrid, pues tres familiares míos estaban muy interesados en conocer y aprender tu enseñanza.

Aprovechando la firma de libros del sábado, me acerqué para ver si podías darme ese toque mágico. Casi ni me salían las palabras por la emoción, pero me miraste a los ojos y me dijiste con una sonrisa: «Tú lo que quieres es un toque mágico...». «¡Eso, eso!», fue lo único que atiné a contestar.

Pasé detrás del mostrador. Todo fue sentir tus manos en mi barriga y...

Mi madre, mi prima y mi pareja miraban desde el otro lado, expectantes. Fueron unos segundos, y me dijiste: «¡Ya está!».

¡Y así ha sido! Ese mismo mes me quedé embarazada. Estoy solo de cinco semanas, pero en cuanto me salió positiva la prueba, lo primero que me vino a la cabeza fue el momento del toque mágico.

Así que llegado este momento, ¿qué puedo decir aparte de mil veces gracias?

Gracias por todo lo aprendido, Suzanne, y por ese precioso regalo que llevo dentro.

Un abrazo.

* * *

En Logroño... (17 de abril de 2015)

¡Hola, Suzanne!:

Mi nombre es Liz, y te escribo para darte las gracias.

En mayo del pasado año estuviste en Logroño para dar una charla sobre alimentación consciente, y mi marido, David, y yo fuimos a verte para saber un poco más sobre ello. Cuando pasamos a que Joanna y tú nos firmarais los libros que llevábamos, te pregunté acerca del toque mágico, y me dijiste que me lo podías hacer en ese momento. Una vez terminaste, me preguntaste cuál era la fecha de mi cumpleaños y, en cuanto te lo dije, tu respuesta fue que para esa fecha a lo mejor tendría un regalo. Unos días después de mi cumpleaños engendramos a nuestro bebé. Ahora estoy casi de tres meses. No sé qué es lo que me hiciste, pero funcionó.

¡¡Muchísimas gracias!!

Un fuerte abrazo,

Liz Aguilar

* * *

En Guadalajara (México)... (25 de marzo de 2015)

¡¡Hola, Suzanne!!:

Te escribe Aurora Aguilera desde Guadalajara. En junio viniste a dar una conferencia ¡y me diste un toque mágico!

Después de dos años de intentos... ¡hoy estamos esperando un bebé! ¡Estoy de apenas trece semanas! ¡Muchas gracias!

¡Y ya estoy apuntada para el curso zen! ¡Gracias, Suzanne! ¡Espero verte pronto!

¡¡¡Estamos felices!!!

¡¡¡Gracias, gracias, gracias!!!

¡¡¡Nos vemos pronto!!! ¡¡Acá te espero en Guadalajara para el curso zen!!

ÍNDICE